Tout le DSCG 2

Finance

Sous la direction d'Alain Burlaud

Annaïck Guyvarc'h, maître de conférences à l'Université de Bretagne Sud, responsable de la formation DCG et DSCG

Arnaud Thauvron, maître de conférences à l'IAE Gustave Eiffel à l'Université Paris-est-Créteil, responsable du Master Gestion de Patrimoine

ISBN 978-2-216-15702-0

Sommaire

MÉMOS

Partie 1 La valeur

Partie 2 Diagnostic approfondi

Partie 3 Évaluation d'entreprise

Partie 4 Investissement et financement

Partie 5 La trésorerie

Partie 6 Ingénierie financière

Sommaire

La valeur en finance

Les mathématiques financières sont à la base de tous les calculs financiers et permettent notamment de convertir une somme future en une valeur actuelle, et inversement. En ramenant à une date identique des sommes qui sont situées dans le temps à des dates différentes, les mathématiques financières permettent de faire des comparaisons, ce qui ne serait pas possible autrement.

ex. : *Imaginons que vous ayez à choisir entre recevoir de façon certaine 25 000 euros dans 3 ans ou 40 000 euros dans 4 ans. Dit ainsi, il n'est pas possible de savoir laquelle des deux propositions est la plus intéressante, car les montants et les échéances sont différentes. En les convertissant en euros à la date d'aujourd'hui, le calcul actuariel rend la comparaison possible.*

1 Les notions fondamentales

A. La droite de temps

La droite de temps permet de représenter le découpage du temps en périodes de durées identiques, et de placer sur chacune de ces périodes les éventuelles opérations financières :

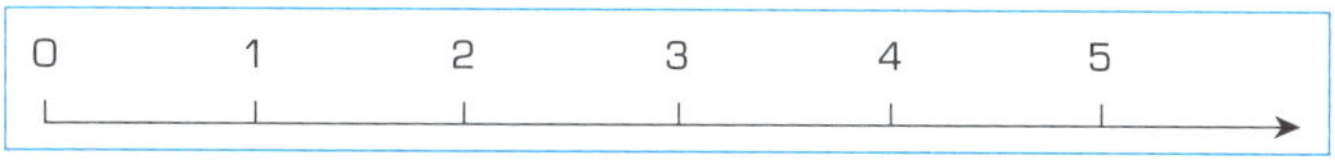

La date 0 correspond à aujourd'hui et la date 1 à la fin de la 1re période. Une période représente généralement une année mais peut avoir une durée plus courte ou plus longue (mois, trimestre, décennie, etc.). Chaque chiffre correspond à la fin d'une période et au début de la suivante. Il est ainsi équivalent de dire que la date 1 correspond à la fin de la 1re période ou au début de la 2e.

Remarque. Le taux d'intérêt et les périodes doivent être impérativement exprimés dans des unités cohérentes. Si le taux d'intérêt est annuel, les périodes doivent être exprimées sur une base annuelle.

B. Intérêts simples et intérêts composés

Pour tout placement, les intérêts peuvent se calculer de deux façons. Lorsqu'ils sont calculés uniquement sur le montant du capital placé, on parle d'intérêts simples. Dans ce cas, les intérêts sont proportionnels à la durée du placement :

$$\text{Intérêts} = \frac{\text{Capital} \times \text{Taux} \times \text{Durée du placement}}{\text{Durée d'une période}}$$

Par contre, si les intérêts portent eux-mêmes intérêts à la période suivante, on parle d'intérêts composés. Généralement, les intérêts simples sont utilisés lorsque la période de placement est inférieure à un an et les intérêts composés lorsque la période est supérieure à un an.

ex : *Supposons qu'un placement de 10 000 euros soit investi pendant 2 ans au taux annuel de 5 % :*
Les intérêts simples de ce placement sont :
10 000 × 0,05 × 2 = 1 000 €
Les intérêts composés de ce placement sont :
- sur la 1re année : 10 000 × 0,05 = 500
- sur la 2e année : (10 000 + 500) × 0,05 = 525
Soit un total d'intérêts de : 500 + 525 = 1 025 euros (soit 10 000 × $1{,}05^2$ *- 10 000)*

C. Actualisation et capitalisation

L'actualisation consiste à convertir un montant futur (date 4, par exemple) en un montant actuel (à la date 0). La capitalisation consiste à calculer la valeur future d'une somme. Si R est le taux d'intérêt et *n* la durée du placement :
Valeur, dans *n* périodes, d'un montant V_0 : $V_n = V_0 \times (1 + R)^n$
Valeur, à la date 0 (aujourd'hui), d'un montant futur V_n :

$$V_0 = \frac{V_n}{(1 + R)^n} = V_n \times (1 + R)^{-n}$$

ex : *Quelle sera la valeur de 120 €, placés à 7 % dans 2 ans, pendant 3 ans ? Quelle est la valeur aujourd'hui d'une somme qui vaudra 140 € dans 3 ans ?*

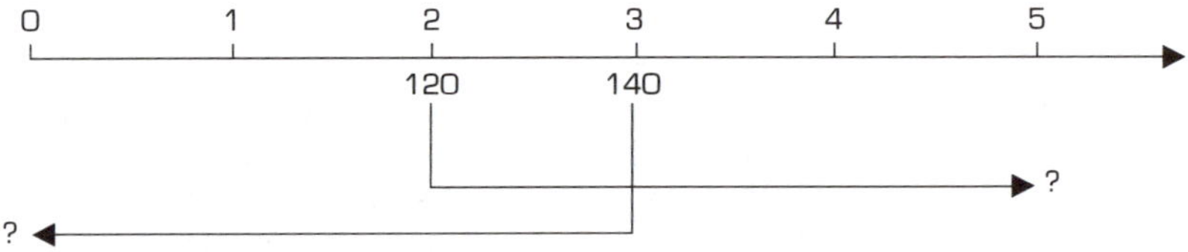

$V_5 = 120 \times (1 + 0{,}07)^3 = 147{,}00$
$V_0 = 140 \times (1 + 0{,}07)^{-3} = 114{,}28$

D. Estimation du taux et de la durée

Les formules précédentes permettent de faire le lien entre une valeur actuelle et une valeur future, sur la base du taux d'intérêt et de la durée du placement. Dans certains cas, ce sont ces deux dernières variables qui sont à rechercher.

Estimation du taux d'intérêt :

$$n = \frac{\mathrm{Ln}\left(\frac{V_n \times R}{A} + 1\right)}{\mathrm{Ln}(1 + R)} = \frac{\mathrm{Ln}\left(\frac{300\,000 \times 0{,}05}{25\,000} + 1\right)}{\mathrm{Ln}(1{,}05)} = 9{,}633$$

Estimation de la durée du placement :

$$\frac{V_n}{V_0} = (1 + R)^n \Rightarrow \mathrm{Ln}\frac{V_n}{V_0} = \mathrm{Ln}(1 + R)^n \Rightarrow n\mathrm{Ln}(1 + R) = \mathrm{Ln}\frac{V_n}{V_0} \Rightarrow n = \frac{\mathrm{Ln}\left(V_n / V_0\right)}{\mathrm{Ln}(1 + R)}$$

ex : *Supposons qu'un placement aujourd'hui de 10 000 euros ait, dans le futur, une valeur de 14 000 euros.*
Si le taux d'intérêt est de 8 %, la durée du placement devra être de :

$$n = \frac{Ln\left(14000/10000\right)}{Ln(1+0{,}08)} = 4{,}37 \text{ années}$$

Si le placement dure 6 ans, le taux d'intérêt est de :

$$R = \left(\frac{14000}{10000}\right)^{1/6} - 1 = 5{,}77\ \%$$

E. Relation entre valeur, taux et durée

Sur la base des formules présentées plus haut, il apparaît clairement que :
- plus le taux d'intérêt est élevé, plus la valeur actuelle est faible et la valeur future élevée ;
- plus le taux d'intérêt est faible, plus la valeur actuelle est élevée et la valeur future faible ;
- plus l'échéance est éloignée, plus la valeur actuelle est faible et la valeur future élevée.

F. Taux équivalents et proportionnels

Dans certains cas, les flux peuvent être versés selon des périodicités différentes du taux d'intérêt. Il faut alors distinguer le taux équivalent du taux proportionnel.

Taux équivalent :
Deux taux ayant des périodicités différentes sont équivalents lorsqu'une même somme, placée à ces deux taux, à la même valeur future à une date donnée.

$$(1 + R_a) = (1 + R_n)^n$$

avec n le nombre de périodes dans l'année et R_n le taux équivalent périodique.

ex : *Soit un taux annuel (R_a) de 10 %. Le taux équivalent mensuel (R_m) est donné par :*
$(1 + R_a)^1 = (1 + R_m)^{12}$
d'où : $R_m = (1 + 0{,}10)^{1/12} - 1 = 0{,}797\ \%$

Taux proportionnels :
Le taux proportionnel se calcule en divisant le taux annuel par le nombre de fois où l'intérêt est versé au cours de l'année. Ainsi, le taux mensuel proportionnel à un taux annuel de 12 % est : 12 %/12 = 1 %.

$$R_a = n \times R_n$$

2 L'actualisation et la capitalisation de flux multiples :

Jusqu'à présent, nous n'avons traité que de flux uniques. Or, dans la réalité, un placement ou un investissement produisent des flux sur plusieurs périodes. Les formules précédentes restent valables, mais il est possible de les simplifier lorsque les flux en question présentent une certaine régularité (flux constants ou flux en croissance constante).

Remarque. Si les flux apparaissent selon une périodicité annuelle, le taux d'intérêt doit être annuel. Mais si les flux sont mensuels, le taux doit alors être, lui aussi, mensuel.

A. La formule générale

Pour actualiser ou capitaliser une série de flux futurs, il suffit de reprendre les formules précédentes, en les appliquant à chaque flux, soit :

$$V_0 = \sum_{t=1}^{n} F_t(1+R)^{-t} = F_1(1+R)^{-1} + F_2(1+R)^{-2} + \ldots + F_n(1+R)^{-n}$$

$$V_n = \sum_{t=1}^{n} F_t(1+R)^{n-t} = F_1(1+R)^{n-1} + F_2(1+R)^{n-2} + \ldots + F_n(1+R)^{n-n}$$

Graphiquement, l'actualisation de flux futurs peut se représenter ainsi :

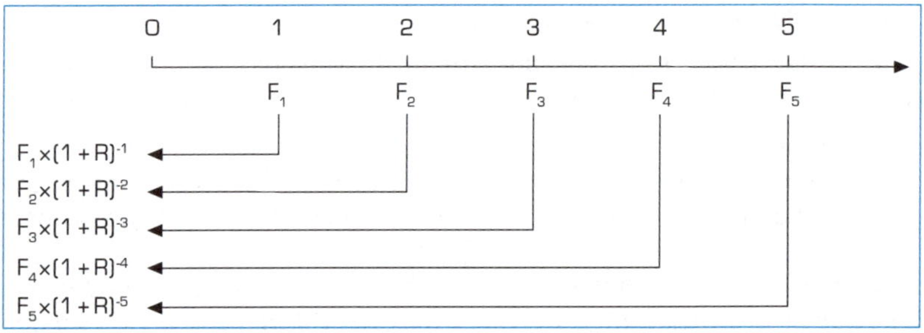

ex : *Supposons qu'un placement procure sur les 4 prochaines années un flux annuel de 100. Le taux d'intérêt annuel est de 5 %.*

$V_0 = 100 \times (1{,}05)^{-1} + 100 \times (1{,}05)^{-2} + 100 \times (1{,}05)^{-3} + 100 \times (1{,}05)^{-4} = 354{,}60$ *euros.*

$V_4 = 100 \times (1{,}05)^{3} + 100 \times (1{,}05)^{2} + 100 \times (1{,}05) + 100 = 431{,}01$ *euros.*

Remarque. En matière d'actualisation, la valeur est obtenue au moins une période avant le premier flux actualisé. Au contraire, en matière de capitalisation, le dernier flux n'est pas capitalisé.

B. Les flux sont constants et limités dans le temps

Lorsqu'un même flux (F) apparaît à chaque période, il est possible de simplifier le calcul de la valeur actuelle et de la valeur future :

$$V_0 = F \times \frac{1 - (1 + R)^{-n}}{R} \text{ et } V_n = F \times \frac{(1 + R)^n - 1}{R}$$

ex : *Supposons qu'un placement procure sur les 4 prochaines années un flux annuel de 100. Le taux R est de 5 %.*

$$V_0 = 100 \times \frac{1 - (1 + 0,05)^{-4}}{0,05} = 354,59 \text{ et } V_n = 100 \times \frac{(1 + 0,05)^4 - 1}{0,05} = 431,01$$

C. Les flux sont constants, sur un horizon infini

Nous sommes ici en présence d'une rente perpétuelle. La même somme (F) est versée ou encaissée, sans limitation de durée :

$$V_0 = \frac{F_1}{R}$$

Il est important de noter que :
- puisque l'horizon est infini, il n'est pas possible de calculer une valeur future ;
- le flux à utiliser est le flux anticipé dans une période.

D. Les flux augmentent à un taux constant, sur un horizon infini

Nous sommes toujours en présence d'une rente perpétuelle mais, chaque année, le flux augmente d'un taux constant, g :

$$V_0 = \frac{F_1}{R - g}$$

Remarque. Il est important de noter que le taux de croissance ne peut être supérieur au taux d'actualisation ($g < R$).

ex : *Supposons que le flux anticipé pour la prochaine période soit de 100 et le taux d'actualisation de 6 %.*
Si le flux est constant, sur un horizon infini (g = 0) :

$$V_0 = \frac{100}{0,06} = 1\,666,67$$

Si le flux augmente, chaque année, de 2 %, sur un horizon infini :

$$V_0 = \frac{100}{0,06 - 0,02} = 2\,500$$

MÉMO 2 La valeur et le risque

En finance, la rentabilité espérée d'un actif est proportionnelle au risque encouru. Quant au risque, il se justifie par le fait que la valeur future de l'actif en question est incertaine.

1 La mesure de la rentabilité

La rentabilité d'un actif financier se mesure ainsi :

$$\text{Rentabilité}_t = \frac{P_t - P_{t-1} + Rev_t}{P_{t-1}}$$

où P_t et P_{t-1} représentent le cours de l'actif aux dates t et t-1, Rev_t le revenu éventuel qu'il a distribué au cours de cet intervalle de temps.
La rentabilité moyenne peut se calculer de deux façons.

A. Rentabilité moyenne arithmétique

1. À partir de données passées (échantillon de *n* périodes)

$\overline{R}_i = \frac{1}{n}\sum_{t=1}^{n} R_{i,t}$ avec $R_{i,t}$ la rentabilité du titre *i* le jour *t*.

2. À partir de données prévisionnelles (distribution des probabilités)

$\overline{R}_i = \sum_{j=1}^{n} P_j \times R_{i,j}$ avec P_j, la probabilité que la rentabilité du titre *i* soit égale à $R_{i,j}$.

B. Rentabilité moyenne géométrique :

$$R_G = [(1+R_1)(1+R_2)...(1+R_n)]^{1/n} - 1$$

$$R_G = \left[\prod_{t=1}^{n}(1+R_t)^{1/n} - 1\right]$$

2 La mesure du risque

A. La variance et l'écart-type des rentabilités

Le risque d'un actif peut être défini comme l'incertitude qui existe quant à sa valeur à une date future. En finance, le risque de hausse de la valeur n'est pas distingué du risque de baisse. Il peut être assimilé à la dispersion de la rentabilité autour de sa moyenne. Il est ainsi mesuré par la variance ou l'écart-type de la distribution des valeurs de la rentabilité du titre :

$$\text{Écart-Type}_i = \sqrt{Var(R_i)}$$

1. **À partir de données passées (échantillon de *n* séances)**

$$\text{Var}(R_i) = \frac{1}{n-1}\sum_{t=1}^{n}\left(R_{i,t} - \overline{R}_i\right)^2 = \frac{1}{n-1}\sum_{t=1}^{n} R_{i,t}^2 - \frac{n}{n-1}\overline{R}_i^2$$

2. **À partir de données prévisionnelles (distribution des rentabilités)**

$$\text{Var}(R_i) = \sum_{j=1}^{n} P_j \times \left(R_{i,j} - \overline{R}_i\right)^2 = \sum_{j=1}^{n} P_j \times R_{i,t}^2 - \overline{R}_i^2$$

ex : *Soit la distribution de rentabilités suivante :*

Probabilité	Rentabilité
10 %	- 15 %
15 %	5 %
50 %	10 %
15 %	15 %
10 %	20 %

Calcul de l'espérance (moyenne arithmétique) :

E(R) = 10 % × (- 15 %) + 15 % × 5 % + 50 % × 10 % + 15 % × 15 % + 10 % × 20 % = 8,5 %

Calcul de la variance :

Var(R) = 10 % × (- 15 % - 8,5 %)^2 + 15 % × (5 % - 8,5 %)^2 + 50 % × (10 % - 8,5 %)^2 + 15 % × (15 % - 8,5 %)^2 + 10 % × (20 % - 8,5 %)^2 = 0,78 %

ou

Var(R) = 10 % × (- 15 %)^2 + 15 % × (5 %)^2 + 50 % × (10 %)^2 + 15 % × (15 %)^2 + 10 % × (20 %)^2 - (8,5 %)^2 = 0,78 %

B. Risque spécifique et risque systématique

Le risque associé à un actif financier peut se décomposer en un risque systématique et un risque spécifique. Le risque spécifique, propre au titre, est aussi appelé risque diversifiable (ou intrinsèque) tandis que le risque systématique, risque dû aux variations du marché, est dit risque non diversifiable (ou risque de marché).

Risque d'une action = risque systématique + risque spécifique

La mesure du risque systématique se fait par le calcul d'un coefficient de corrélation, appelé bêta, qui est défini comme la volatilité du titre. Il exprime la sensibilité de la valeur du titre aux variations du marché :

$$\beta_i = \frac{\text{Cov}\,(R_i, R_m)}{\text{Var}\,(R_m)}$$

$$\text{Cov}(R_i, R_m) = \frac{1}{n-1}\sum_{t=1}^{n}\left(R_{i,t} - \overline{R}_i\right)\left(R_{m,t} - \overline{R}_m\right)$$

avec $R_{i,t}$, la rentabilité du titre *i* sur la période *t*, $R_{m,t}$ la rentabilité du marché sur la période *t* $\bar{R}_i$, l'espérance de la rentabilité du titre *i* et $\bar{R}_m$, l'espérance de rentabilité du marché.

3 La diversification du risque

Le risque d'un portefeuille peut être réduit en diversifiant sa composition.

A. Rentabilité et risque d'un portefeuille

1. Espérance de la rentabilité d'un portefeuille

$$\overline{R}_p = \sum_{i=1}^{n} w_i \times \overline{R}_i$$

où $\bar{R}_i$ représente la rentabilité du titre *i* et w_i le poids de ce titre dans le portefeuille.

2. Risque du portefeuille

Un portefeuille constitué de plusieurs titres est, en général, moins risqué qu'un portefeuille constitué par un seul titre.

$$Var(R_p) = \sum_{i=1}^{n}\sum_{j=1}^{n} w_i w_j Cov(R_i, R_j) = \sum_{i=1}^{n}\sum_{j=1}^{n} w_i w_j \sigma_i \sigma_j \rho_{ij}$$

avec σ_i et σ_j, les écart-types des rentabilités des titres *i* et *j*, ρ_{ij}, le coefficient de corrélation entre les rentabilités du titre *i* et du titre *j* et *n* le nombre de titres dans le portefeuille.

Lien entre la covariance et le coefficient de corrélation :

$$Cov(R_i, R_j) = \rho_{ij}\sigma_i\sigma_j$$

Plus le nombre de titres présents en portefeuille augmente, plus la variance totale du portefeuille diminue. Au-delà de 20 titres environ, l'augmentation du nombre de titres ne permet plus de réduire le risque. Si la diversification du portefeuille permet de supprimer le risque spécifique (propre à chaque action), le risque systématique (risque de marché) ne peut être évité. La diversification permet ainsi de réduire et non de supprimer le risque total d'un portefeuille.

B. La diversification du portefeuille

Le risque du portefeuille dépend du risque des deux titres mais aussi de la covariance existant entre la rentabilité des deux titres.

1. Diversification d'un portefeuille de deux titres

La rentabilité espérée du portefeuille composé de deux titres A et B est égale à :

$$\bar{R}_p = w_A\bar{R}_A + w_B\bar{R}_B$$

Le risque total d'un portefeuille composé des deux titres est égal à :

$$Var(R_p) = w^2_A\sigma^2_A + w^2_B\sigma^2_B + 2w_A\, w_B\, Cov(R_A, R_B)$$
$$Var(R_p) = w^2_A\sigma^2_A + w^2_B\sigma^2_B + 2w_A\, w_B\, \sigma_A\sigma_B\rho_{AB}$$

Le coefficient de corrélation étant toujours compris entre - 1 et 1, le risque d'un portefeuille composé de deux titres est inférieur ou égal à la moyenne pondérée des risques des deux titres qui le composent :

$$\sigma_p \leqslant (w_A\sigma_A + w_B\sigma_B)$$

2. Composition d'un portefeuille de variance minimum

L'objectif est ici de déterminer la composition (w_A et w_B) qui permet de minimiser la variance du portefeuille.

Variance du portefeuille :

$Var(R_p) = w^2_A \times Var(R_A) + (1 - w_A)^2 \times Var(R_B) + 2 \times w_A \times (1 - w_A) \times Cov(R_A, R_B)$

En développant, on obtient :

$Var(R_p) = w^2_A \times Var(R_A) + Var(R_B) + w^2_A \times Var(R_B)$
$- 2 \times w_A \times Var(R_B) + 2 \times w_A \times Cov(R_A, R_B) - 2 \times w^2_A \times Cov(R_A, R_B)$

Puis on dérive la variance par rapport à w_A :

$\frac{dVar(R_p)}{dw_A} = 2w_A \times Var(R_A) + 2w_A \times Var(R_B) - 2 \times Var(R_B)$
$+ 2 \times Cov(R_A, R_B) - 4 \times w_A \times Cov(R_A, R_B)$

Le minimum est atteint lorsque la dérivée est nulle, soit :

$$w_A = \frac{Var(R_B) - Cov(R_A, R_B)}{Var(R_A) + Var(R_B) - 2 \times Cov(R_A, R_B)}$$
$$\text{et } w_B = 1 - w_A$$

ex : *Soit les caractéristiques des titres suivants :*

Titres	Rentabilité	Variance
A	10 %	0,75 %
B	15 %	0,90 %

Le coefficient de corrélation entre les rentabilités des deux titres est de - 0,2.

$$Cov(R_A, R_B) = \rho_{AB}\sigma_A\sigma_B = -0{,}2 \times \sqrt{0{,}75\% \times 0{,}9\%} = -0{,}164\%$$

La composition du portefeuille de variance minimale est :

$$w_A = \frac{Var(R_B) - Cov(R_A, R_B)}{Var(R_B) + Var(R_A) - 2 \times Cov(R_A, R_B)} = \frac{0{,}9\,\% + 0{,}164\,\%}{0{,}75\,\% + 0{,}9\,\% + 2 \times 0{,}164\,\%} = 53{,}79\,\%$$

et $w_B = 1 - w_A = 46{,}21\,\%$

$$\bar{R}_p = w_A\bar{R}_A + w_B\bar{R}_B$$

Le risque du portefeuille obtenu est de :

$Var(R_p) = w^2_A\sigma^2_A + w^2_B\sigma^2_B + 2w_A\, w_B\, Cov(R_A, R_B)$

$Var(R_p) = (53{,}79\,\%)^2 \times 0{,}75\,\% + (46{,}21\,\%)^2 \times 0{,}9\,\% - 2 \times (53{,}79\,\% \times 46{,}21\,\% \times 0{,}164\,\%)$

$Var(R_p) = 0{,}328\,\%$

Le risque du portefeuille obtenu est bien inférieur au niveau de risque des deux titres qui le composent.

3. La frontière efficiente

La frontière efficiente est composée par l'ensemble des portefeuilles qui :
- pour un niveau de risque donné ont l'espérance de rentabilité la plus forte ;
- pour une espérance de rentabilité fixée ont le risque le plus faible.

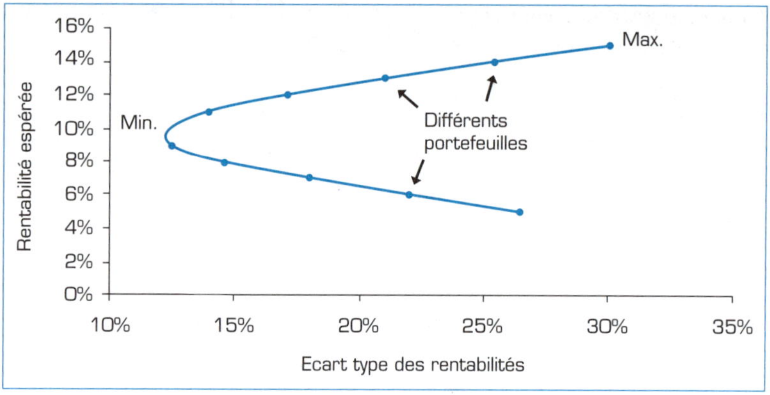

Seuls les points se situant sur la partie supérieure de la courbe appartiennent à la frontière efficiente.

4 La tarification du risque

Il s'agit de déterminer la rentabilité attendue d'un titre, compte tenu de son risque.

A. Le MEDAF

Le MEDAF (Modèle d'Evaluation des Actifs Financiers) ou CAPM (*Capital Asset Pricing Model*) permet d'estimer cette rentabilité exigée par les investisseurs :

Rentabilité exigée = Taux sans risque + Prime de risque.

Seul le risque systématique est rémunéré puisque le risque spécifique peut être éliminé par la diversification du portefeuille :

$$E(R_i) = R_f + \beta_i \times PR_m$$

avec $E(R_i)$, la rentabilité attendue sur le titre *i*, R_f le taux sans risque, β_i, la sensibilité du titre *i* et PR_m, la prime de risque du marché.

La prime de risque du marché est égale à la différence entre la rentabilité attendue du marché et le taux sans risque :

$$PR_m = E(R_m) - R_f$$

B. Les modèles alternatifs

1. Le modèle d'évaluation par arbitrage

Le modèle d'évaluation par arbitrage ou APT (*Arbitrage Pricing Theory*) suppose que la rentabilité exigée sur un titre dépend non seulement du bêta de ce titre mais aussi d'autres facteurs. La théorie ne précise cependant pas le nombre de facteurs à retenir, ni leur identité :

$$R_i = R_f + \beta_{i1}(R_1 - R_f) + \beta_{i2}(R_2 - R_f) + ... + \beta_{in}(R_n - R_f)$$

À chaque facteur sont associés une prime et un bêta. Au niveau empirique, il a été mis en évidence que seuls 3 ou 4 facteurs sont à retenir : l'inflation, la production industrielle, le différentiel de taux entre les obligations peu risquées et celles très risquées et la structure par terme des taux d'intérêt.

2. Le modèle de Fama et French

Dans ce modèle, deux facteurs explicatifs sont retenus : la taille de la société et le ratio *Book to market*, qui rapporte la valeur comptable de l'entreprise à sa valeur de marché.

Plus l'entreprise est de petite taille, plus son risque est élevé et plus la prime de risque exigée par les investisseurs sera forte. La rentabilité attendue est donc une fonction décroissante de la taille de la société. Un ratio *Book to market* faible (valeur de marché de l'entreprise supérieure à sa valeur comptable) est synonyme d'importantes opportunités de croissance pour l'entreprise et donc d'un risque plutôt faible. La rentabilité attendue devrait donc être positivement corrélée à ce ratio.

Leur modèle se présente ainsi :

$$R_i - R_f = \alpha_i + \beta_{i1}(R_m - R_f) + \beta_{i2}(R_{small} - R_{big}) + \beta_{i3}(R_{high} - R_{low})$$

La prime de risque d'un titre *i*, $R_i - R_f$, est égale à une valeur constante (α_i) à laquelle il faut ajouter trois primes de risque :

- la prime de risque du marché ($R_m - R_f$), ajustée de la sensibilité du titre (β_{i1}) aux variations de ce dernier ;
- la prime de risque de taille ($R_{small} - R_{big}$), ajustée de la sensibilité du titre à ce facteur taille (β_{i2}) ;
- la prime liée à l'effet *book-to-market* ($R_{high} - R_{low}$), ajustée de la sensibilité du titre à cet effet (β_{i3}).

MÉMO 3 La valeur des actions

La valeur d'une action est égale à la valeur actualisée des flux de trésorerie qu'elle procurera à l'actionnaire à l'avenir.

1 Les modèles d'évaluation basés sur l'actualisation des dividendes

A. Le modèle général du dividende actualisé

La valeur de l'action est égale à la valeur actualisée de ses dividendes futurs (D_t) et de sa valeur de revente à terme (V_n), soit :

$$V_0 = \frac{D_1}{1 + R_c} + \frac{D_2}{(1 + R_c)^2} + \ldots + \frac{D_n}{(1 + R_c)^n} + \frac{V_n}{(1 + R_c)^n}$$

où R_c est le coût des fonds propres de la société.
V_n étant elle-même fonction des dividendes versés après la cession, sur un horizon infini, on obtient le modèle du dividende actualisé ou DDM (*Dividend Discount Model*) dont la formule est la formule suivante :

$$V_0 = \sum_{t=1}^{n} \frac{D_t}{(1 + R_c)^t}$$

B. Le modèle du dividende actualisé à croissance unique (modèle de Gordon et Shapiro)

Dans la pratique, les dirigeants ont tendance à lisser les dividendes. Lorsque le dividende est en augmentation constante chaque année de *g* pourcents, sur *n* années, la valeur de l'action est alors de :

$$V_0 = \frac{D_1}{(1 + R_c)} + \frac{D_1(1 + g)}{(1 + R_c)^2} + \frac{D_1(1 + g)^2}{(1 + R_c)^3} + \ldots = D_1 \sum_{t=1}^{n} \frac{(1 + g)^{t-1}}{(1 + R_c)^t}$$

Or, lorsque *n* tend vers l'infini et que R_c est supérieur à *g*, cette équation devient :

$$V_0 = \frac{D_1}{R_c - g} \text{ (Modèle de Gordon-Shapiro)}$$

Du fait de l'hypothèse de croissance constante, ce modèle n'est adapté qu'aux entreprises dont l'activité est arrivée à maturité.

Estimation du taux de croissance du dividende

Il est défini par le taux de croissance moyen, à très long terme, des bénéfices de l'entreprise. Dans la pratique, on retient un taux de croissance maximal identique à celui du PIB sur longue période, soit environ 2-3 %.
On peut aussi estimer le taux de croissance soutenable de la société, qui représente le niveau maximal de croissance que la société peut atteindre dans le futur en s'autofinançant, c'est-à-dire sans recours à des moyens de financement externes

(dettes ou capitaux propres). Il s'estime par le produit de la rentabilité des capitaux propres de l'entreprise (K_c) et de son taux de rétention des bénéfices (b), c'est-à-dire la proportion des bénéfices qui est mise en réserves et non distribuée aux actionnaires, soit :

$$g = b \times K_c$$

C. Le modèle du dividende actualisé à croissance multiple

Ce modèle s'applique lorsque la croissance constante du dividende ne débute non pas dès le prochain dividende mais dans *n* années.
Le modèle de valorisation devient alors :

$$V_0 = \sum_{t=1}^{n} \frac{D_t}{(1+R_c)^t} + \frac{D_{n+1}}{R_c - g} \times (1+R_c)^{-n}$$

La période de croissance stable débute alors avec le dividende *n* + 1.

2 La valeur des opportunités de croissance

L'augmentation du cours boursier du fait de l'existence d'un projet d'investissement correspond à ce que l'on appelle la VAOC, la valeur actuelle des opportunités de croissance.
La valeur d'une action est ainsi composée de deux éléments :
- la valeur théorique de l'action si la société décide de ne plus réaliser de projets d'investissement ;
- le supplément de valeur lié aux projets futurs de la société, la VAOC.

Cette VAOC correspond à la valeur qui est attribuée par le marché aux différents projets, connus ou non, que la société réalisera dans le futur. Cette valeur dépend des anticipations des investisseurs. Elle se calcule par différence entre le cours boursier de l'action et sa valeur théorique en l'absence de projets d'investissement. Sous l'hypothèse que la société distribue la totalité de ses bénéfices sous la forme de dividendes :

$$VAOC = Cours - \frac{BPA}{R_c}$$

avec BPA, le bénéfice par action supposé fixe dans le temps.

MÉMO

4 La valeur des obligations

Les obligations sont une forme particulière de dettes, qui peuvent notamment être émises par l'État, les entreprises ou les collectivités locales. L'emprunt obligataire se différencie de l'emprunt bancaire par le nombre de prêteurs, qui est multiple.

1 Les paramètres d'une obligation

Une obligation se caractérise par différents paramètres :
- la valeur nominale : valeur qui sert de base au calcul des intérêts payés chaque année (parfois chaque semestre) ;
- la valeur d'émission : prix payé lors de la souscription par les obligataires, elle correspond à la somme prêtée par l'obligataire à l'émetteur. Si la valeur d'émission est égale à la valeur nominale, l'emprunt est dit « émis au pair » ;
- la valeur de remboursement : prix qui sera payé aux obligataires à l'échéance. Lorsque la valeur de remboursement est égale à la valeur nominale, l'emprunt est dit « remboursé au pair » ;
- le taux d'intérêt nominal : il peut être fixe ou variable ;
- la date d'échéance : date à laquelle l'emprunt est totalement remboursé ;
- le mode d'amortissement : le capital emprunté peut être remboursé en totalité à l'échéance (*in fine*), par amortissement constant ou par annuité constante. Dans la pratique, les grandes émissions obligataires font l'objet d'un remboursement *in fine* afin de garantir une durée de placement commune à tous les obligataires. En cas de remboursement par fractions au cours du temps, les obligations remboursées chaque année sont tirées au sort. Dans certains cas, l'obligation ne verse aucun coupon mais est émise, en contrepartie, à un prix significativement inférieur au nominal et/ou remboursée très au-dessus du pair. On parle alors d'obligation zéro coupon.

2 L'évaluation d'une obligation

A. Évaluation d'une obligation

La valeur d'un actif financier est égale à la valeur actualisée des flux futurs qu'il procurera à son détenteur. L'obligation donne droit au versement périodique des intérêts et au remboursement du capital.

L'équation suivante permet de calculer la valeur d'une obligation remboursable *in fine* dans *n* années en fonction de sa valeur nominale (VN), du taux d'intérêt nominal (i) et de son prix de remboursement (PR) :

$$V_{oblig.} = VN \times i \times (1 + R_d)^{-1} + ... + VN \times i \times (1 + R_d)^{-n} + PR\ (1 + R_d)^{-n}$$

$$V_{oblig.} = VN \times i \times \frac{1 - (1 + R_d)^{-n}}{R_d} + PR \times (1 + R_d)^{-n}$$

où R_d correspond au rendement attendu des obligations de même classe de risque.

ex : *Le 3 mars N, Alstom a émis un emprunt obligataire sur 5 ans, au taux de 4,5 %, remboursable au pair le 3 mars N + 5. La valeur nominale des obligations est de 1 €. Sachant que le taux du marché pour des obligations de même risque est proche de 3,55 % le 15 mai N + 3, quelle est la valeur de l'obligation ?*
Le prochain coupon sera versé le 3 mars N + 4, soit dans 292 jours. Le 3 mars N + 5, le dernier coupon et la valeur de remboursement seront versés. Il faut également tenir compte, pour les calculs, de 2 jours ouvrés, soit 294 jours.
La valeur de l'obligation est donc de :
$V = 0,045(1,0355)^{-294/365} + (1 + 0,045)(1,0355)^{-(1+294/365)} = 1,0250$ €.

B. La cotation des obligations

En France, les obligations sont cotées en pourcentage du nominal, au pied de coupon. Une obligation de valeur nominale de 1 000 euros qui cote 97,5 % vaut donc 975 euros. Au pied du coupon signifie que le cours de l'obligation ne tient pas compte des intérêts courus depuis le dernier détachement de coupon. Ce mode de cotation présente l'avantage de pouvoir comparer entre elles des obligations de valeur nominale différente et de date de détachements de coupon distincte.

$$\text{Coupon Couru} = \frac{\text{Taux nominal} \times (\text{Nombre de jours depuis le dernier détachement} + 2 \text{ jours ouvrés})}{365}$$

ex : *Le 16 mai N, le cours de l'obligation Carrefour 6,125 % était de 103,21 % et le coupon couru (CC) est de 6,024 %. La date de remboursement de l'emprunt est le 26/05/N + 2.*
Le prix à payer pour acquérir cette obligation correspond donc à 109,234 % de sa valeur nominale.

ex : *Dans l'exemple précédent, le coupon couru au 16 mai N était de 6,024 % et la date de remboursement de l'emprunt est le 26/05/N + 2. Entre le 26/05/N – 1 (date du dernier coupon) et le 16 mai N, il y a 355 jours, auxquels il faut rajouter deux jours ouvrés soit 4 jours (le 17 et le 18 étant respectivement un samedi et un dimanche).*
CC = 6,125 % × 359/365 = 6,0243 %.

3 La rentabilité d'une obligation

La rentabilité d'une obligation est mesurée par son taux actuariel brut, qui représente le taux de rendement de l'obligation pour celui qui l'achète aujourd'hui et la conserve jusqu'à sa date d'échéance.

A. Taux actuariel brut à l'émission

C'est le taux qui égalise le prix d'émission et la valeur actualisée des coupons et du prix de remboursement (PR), soit pour une obligation remboursable *in fine* :

$$VE = \sum_{t=1}^{n} \frac{\text{coupon}_t}{(1 + TAB)^t} + \frac{PR}{(1 + TAB)^n} = (VN \times i) \times \frac{1 - (1 + TAB)^{-n}}{TAB} + PR \times (1 + TAB)^{-n}$$

Avec VE, la valeur d'émission, VN, la valeur nominale, i, le taux d'intérêt nominal et n l'échéance de l'obligation.

B. Taux actuariel brut en cours de vie

$$\text{Cours} = \sum_{t=1}^{n} \frac{VN \times i}{(1 + TAB)^{t-1+j}} + \frac{PR}{(1 + TAB)^{n-1+j}}$$

où *j* représente la fraction d'année séparant la date à laquelle est estimé le TAB de la date de détachement du prochain coupon (+ 2 jours ouvrés) et *n* le nombre de coupons restant à payer.

4 Les risques supportés par les obligataires

A. Le risque de taux

Le cours d'une obligation évolue en sens inverse des variations de taux d'intérêt.

ex : *Soit une obligation de valeur nominale 1 000 € qui sert un taux d'intérêt de 5 % et qui sera remboursée au pair dans cinq ans.*
Si le taux requis par le marché est de 5,25 %, la valeur de l'obligation sera de :

$$V_{obligation} = 50 \times \frac{1 - 1{,}0525^{-5}}{0{,}0525} + 1\,000 \times 1{,}0525^{-5} = 214{,}99 + 774{,}26 = 989{,}25$$

Si le taux requis est de 4,75 % :

$$V_{obligation} = 50 \times \frac{1 - 1{,}0475^{-5}}{0{,}0475} + 1\,000 \times 1{,}0475^{-5} = 217{,}98 + 792{,}92 = 1\,010{,}9$$

Une mesure du degré d'exposition de l'obligation au risque de taux est donnée par la duration de l'obligation, qui correspond à sa maturité moyenne pondérée. Elle se calcule en pondérant les différentes périodes de versement des coupons (1 an, 2 ans, etc.) par le montant actualisé des coupons et du prix de remboursement, soit :

$$\text{Duration} = \sum_{t=1}^{n} \frac{t \times Flux_t \times (1 + R_d)^{-t}}{V_{obligation}}$$

ex : *Soit une obligation ayant une maturité de 5 ans, dont la valeur nominale est de 1 000 €, le taux nominal de 5 %. Le taux sur le marché est de 5,25 %. Le remboursement se fera au pair.*

Date	Flux	VA Flux	Poids	Date pond
1	50	47,51	4,80 %	0,05
2	50	45,14	4,56 %	0,09
3	50	42,88	4,34 %	0,13
4	50	40,75	4,12 %	0,16

Date	Flux	VA Flux	Poids	Date pond
5	1 050	812,98	82,18 %	4,11
		989,25	100,00 %	**4,54**

La somme des valeurs actualisées des flux (989,25) correspond au cours de l'obligation pour un taux de marché de 5,25 %. La 5e colonne (date pondérée) permet de répartir cette valeur entre les différents flux, puis d'appliquer cette pondération aux différentes dates (par exemple pour l'année 4 : 4 × 4,12 % = 0,16). La somme des dates pondérées (dernière colonne) correspond à la duration de l'obligation soit 4,54.

Une autre mesure du risque de taux est donnée par la sensibilité, qui mesure l'impact d'une variation des taux d'intérêt sur la valeur de l'obligation. Elle se calcule à partir de la duration (ou inversement) de la manière suivante :

$$\text{Sensibilité} = -\frac{\text{Duration}}{1 + R_d}$$

ex : *L'obligation de l'exemple supra a une sensibilité de - 4,54/1,0525 = - 4,31, ce qui signifie qu'une hausse de 1 % des taux d'intérêt induit une baisse de 4,31 % du cours de l'obligation (et inversement).*

B. Le risque de crédit

Ce risque est aussi appelé risque de défaillance ou risque de défaut. Il mesure la probabilité que l'emprunteur ne puisse faire face à ses échéances en termes de paiement d'intérêt ou de remboursement du capital. Ce risque est apprécié au travers de la notation attribuée par les agences de *rating*. Il existe trois principales agences de notation (Moody's, Standard & Poor's et FitchRatings) qui attribuent une note sous la forme d'une lettre (AAA par exemple) à l'emprunt émis ou à l'émetteur. Plus ce risque est élevé, plus l'emprunteur doit proposer un taux d'intérêt attractif pour le lever des fonds. La différence entre le taux proposé et le taux sans risque est appelée le *spread* de taux.

MÉMO

5 Les options négociables

Une option négociable est un titre qui procure à son détenteur le droit, et non l'obligation, d'acheter (option d'achat ou *call*) ou de vendre (option de vente ou *put*) une certaine quantité d'un actif (le sous-jacent) à un prix déterminé à l'avance (prix d'exercice ou *strike*). Cette option peut être exercée pendant une certaine durée (option américaine) ou uniquement à son échéance (option européenne).

	Acheteur d'une option	Vendeur d'une option
Option d'achat (*call*)	droit d'acheter	obligation de vendre au prix d'exercice en cas d'exercice par l'acheteur
Option de vente (*put*)	droit de vendre	obligation d'acheter au prix d'exercice en cas d'exercice par l'acheteur

ex. : *Une option d'achat européenne échéance 3 mois sur Carrefour, avec un prix d'exercice de 48 € permet à son détenteur d'acquérir, dans 3 mois, une action Carrefour à ce prix, quel que soit son cours en Bourse à ce moment-là. Si l'action cote 52 €, le détenteur de l'option gagne 4 € puisqu'il peut acheter 48 € une action qui en vaut 52. Par contre, si le cours de Carrefour est de 45 €, l'option aura une valeur nulle car elle n'aura aucun intérêt.*

1 Principes généraux

Pour obtenir ce droit d'acheter ou de vendre, l'acquéreur de l'option doit verser une prime (le prix du *call* ou du *put*) au vendeur de l'option. Une option est dite :
- dans la monnaie (*in the money*) si son exercice aujourd'hui (quelle que soit sa date d'échéance) permet de dégager un profit ;
- à la monnaie (*at the money*) si son prix d'exercice est égal au cours du sous-jacent ;
- en dehors de la monnaie (*out of the money*) si son exercice n'est pas profitable.

La valeur de l'option se compose de deux éléments :
- la valeur intrinsèque ;
- la valeur temps (ou valeur spéculative).

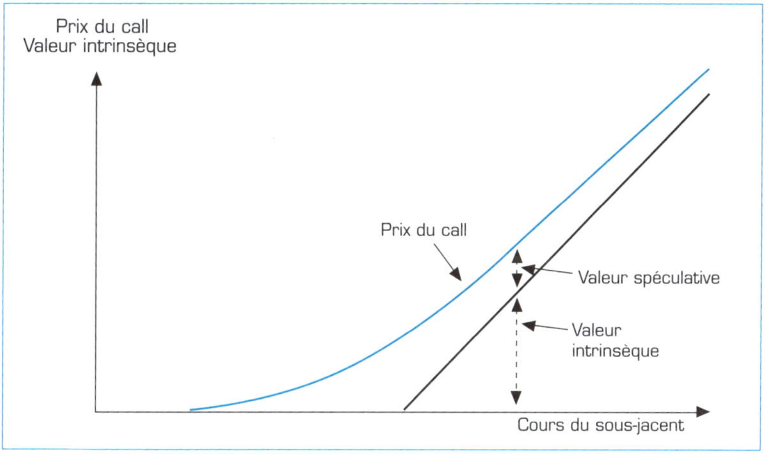

Cette valeur intrinsèque est nulle pour les options à ou en dehors de la monnaie. Pour une option dans la monnaie, elle est égale à la différence (en valeur absolue) entre le prix d'exercice (K) et le cours du sous-jacent (S) :

- valeur intrinsèque d'un *call* = Max [S - K ; 0]
- valeur intrinsèque d'un *put* = Max [K - S ; 0]

2 Valeur des options sur actions à l'échéance

Compte tenu des particularités de leur fonctionnement, les options ont un profil de valeur très particulier à l'échéance.

A. La valeur d'une option d'achat à l'échéance

À l'échéance, si le cours de l'action sous-jacente est inférieur au prix d'exercice de l'option sur cette action, la valeur de l'option est nulle (il n'y a aucun intérêt à l'exercer). Par contre, dès lors que le cours de l'action est supérieur au prix d'exercice, l'option devient utile et sa valeur sera une fonction croissante de la différence entre le cours de l'action et le prix d'exercice de l'option (avec K = 30 et prime de 10) :

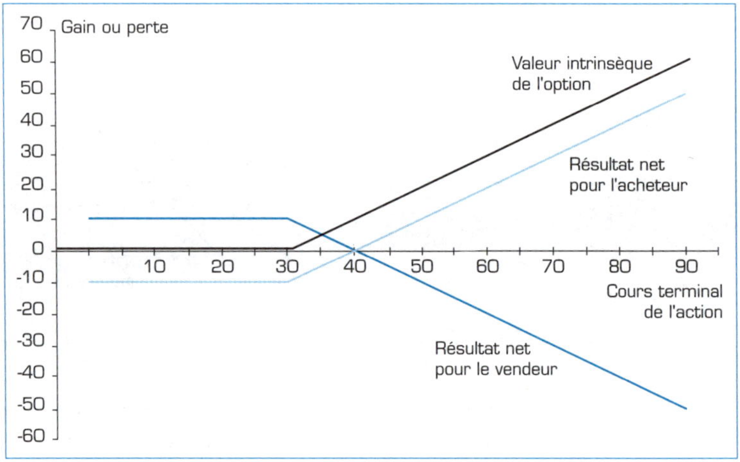

Remarque. Le graphique illustre le fait que le gain pour l'acheteur et la perte pour le vendeur d'une option d'achat sont illimités. Le résultat net tient compte de la prime versée pour obtenir l'option.

B. La valeur d'une option de vente à l'échéance

À l'échéance, si le cours de l'action sous-jacente est supérieur au prix d'exercice de l'option sur cette action, la valeur de l'option de vente est nulle (il n'y a aucun intérêt à l'exercer). Par contre, dès lors que le cours de l'action est inférieur au prix d'exercice, l'option devient utile et sa valeur sera une fonction croissante de la différence entre le prix d'exercice de l'option de vente et le cours de l'action :

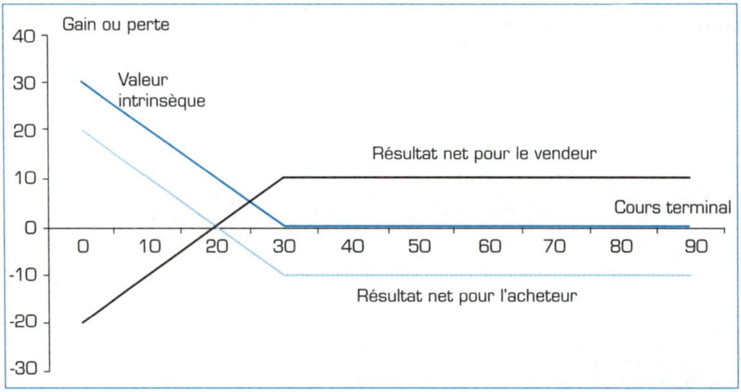

3 Valeur des options sur actions avant l'échéance

A. Les 6 paramètres affectant la valeur de l'option

La valeur d'une option avant son échéance est fonction de 6 paramètres :

- la valeur actuelle de l'action sous-jacente (S_0). Plus la valeur de l'action est élevée, plus la différence entre le cours de l'action et le prix d'exercice est grande. Ainsi, la valeur de l'option d'achat croît et la valeur de l'option de vente baisse ;
- la volatilité de la valeur de l'action sous-jacente (σ). Plus la volatilité est élevée, plus le potentiel de hausse ou de baisse de l'action est grand. Or une option ne pouvant avoir de valeur négative, sa valeur sera donc d'autant plus grande que la volatilité est élevée ;
- le prix d'exercice (ou *strike*) de l'option (K). La valeur d'une option d'achat est d'autant plus élevée que le prix d'exercice est faible et la valeur d'une option de vente est d'autant plus forte que le *strike* est élevé ;
- le temps jusqu'à l'échéance (t), en années. Plus le délai jusqu'à l'échéance de l'option est important, plus la valeur de l'action peut évoluer dans un sens ou dans l'autre et plus le gain potentiel est élevé ;
- le taux sans risque annuel (r). Lorsque les taux d'intérêt augmentent, la valeur des options d'achat augmente et celle des options de vente baisse ;
- le dividende. Si l'action sous-jacente à l'option verse un dividende, sa valeur va baisser le jour du détachement du dividende, réduisant le gain potentiel, ce qui fera baisser la valeur de l'option d'achat et augmenter celle de l'option de vente.

Hausse d'un paramètre	Option d'achat	Option de vente
Prix du sous-jacent	hausse	baisse
Volatilité	hausse	hausse
Prix d'exercice	baisse	hausse
Date d'échéance	hausse	hausse
Taux sans risque	hausse	baisse
Dividende	baisse	hausse

B. Les relations de base

Un *call* ne peut avoir une valeur (C) supérieure au prix du sous-jacent (S_0) et un *put* (P) ne peut valoir plus que le prix d'exercice (K) :

$$C \leqslant S_0 \text{ et } P \leqslant K$$

La valeur du *call* (C) ne peut être inférieure à la valeur de l'action (S_0) minorée de la valeur actualisée sur *t* années du prix d'exercice (K) et la valeur du *put* (P) ne peut être inférieure à la valeur actualisée du prix d'exercice (K) minorée de la valeur de l'action (S_0) :

$$C > S_0 - K \times e^{-rt} \text{ et } P > K \times e^{-rt} - S_0$$

La relation de parité entre la valeur d'un *call* et d'un *put* européen permet d'établir la valeur d'un *put* à partir de celle d'un *call* et inversement (en tenant compte du versement d'un dividende, D) :

$$C + K \times e^{-rt} = P + S_0 - D$$

ex : *Une action cote 27 euros. L'option de vente européenne (prix d'exercice de 24 euros et date d'échéance de 3 mois) cote 4 euros. Le taux sans risque est de 1 %. La valeur de l'option d'achat (call) est donc de :*
$C = P + S_0 - D - K \times e^{-rt} = 4 + 27 - 0 - 24 \times e^{-0{,}01 \times 3/12} = 7{,}24$ *euros*

4 Les modèles de valorisation des options (avant l'échéance)

Il existe deux principaux modèles d'évaluation des options sur actions avant l'échéance : le modèle binomial (Cox, Ross, Rubinstein) et le modèle de Black et Scholes.

A. Le modèle binomial

Dans le cadre du modèle binomial, la valeur S de l'actif sous-jacent (l'action), à chaque période, peut varier dans deux directions. À la hausse (*up*) avec une probabilité *p* pour aboutir à une valeur S_u ou à la baisse (*down*) avec une probabilité *1-p* pour la valeur S_d. À la période suivante, la valeur S_u de l'action pourra augmenter ou baisser, et de la même façon pour S_d. De la sorte, il est possible de construire un arbre, qualifié de binomial :

			$S_0 \times u^3$
		$S_0 \times u^2$	
	$S_0 \times u$		$S_0 \times u^2 \times d$
S_0		$S_0 \times u \times d$	
	$S_0 \times d$		$S_0 \times u \times d^2$
		$S_0 \times d^2$	
			$S_0 \times d^3$

Cet arbre binomial permet de représenter les différentes valeurs possibles de l'action jusqu'à l'échéance de l'option. Puis, une fois cet arbre de valeur de l'action construit, il devient possible de construire l'arbre de valeur de l'option, par induction arrière, c'est-à-dire en partant des valeurs possibles de l'option à l'échéance, puis en remontant vers le nœud initial.

Remarque. L'arbre de valeur de l'action se construit de gauche à droite, l'arbre de valeur de l'option de droite à gauche.

Pour construire **l'arbre de valeur de l'action**, il faut estimer trois paramètres, à partir de la volatilité du cours de l'action (σ) et de la durée entre deux changements de prix de l'action (δt) exprimée en années :

- le niveau de la hausse, $u = e^{\sigma\sqrt{\delta t}}$
- le niveau de la baisse, $d = e^{-\sigma\sqrt{\delta t}}$
- la probabilité risque-neutre de hausse, $p = \dfrac{e^{r\delta t} - d}{u - d}$

Pour construire **l'arbre de valeur de l'option**, il faut estimer la valeur de l'option à chacun des nœuds de la dernière colonne, par différence entre le cours prévu de l'action et le prix d'exercice de l'option (sachant que l'option ne peut avoir une valeur négative). Aux nœuds précédents, la valeur de l'option **européenne** (donc exerçable uniquement à l'échéance) correspond à la valeur actualisée des deux options du nœud suivant :

$$\text{Valeur de l'option à un nœud} = e^{-r \times \delta t} \times [p \times f_u + (1 - p) \times f_d]$$

avec f_u la valeur de l'option au nœud haut suivant, f_d la valeur de l'option au nœud bas suivant, *p* la probabilité risque-neutre de hausse, δt l'intervalle de temps entre deux nœuds et *r* le taux sans risque.

Dans le cas d'une option américaine (exerçable à tout moment), la valeur de l'option correspond au montant le plus élevé entre la valeur de l'option européenne et le gain en cas d'exercice de l'option.

B. Le modèle de Black et Scholes

Selon le modèle de Black et Scholes, la valeur aujourd'hui (*t* = 0) d'une option européenne sur action ne versant pas de dividende est égale à :

$$\text{Valeur d'une option d'achat } (\textit{Call}) = S_0 \times N(d_1) - K \times e^{-rT} \times N(d_2)$$

$$\text{Valeur d'une option de vente } (\textit{Put}) = K \times e^{-rT} \times N(-d_2) - S_0 \times N(-d_1)$$

avec :

$$d_1 = \frac{\text{Ln}\,\frac{S_0}{K} + \left(r + \frac{\sigma^2}{2}\right) \times T}{\sigma \times \sqrt{T}}$$

$$d_2 = d_1 - \sigma\sqrt{T}$$

où N(d) représente la probabilité qu'une variable centrée réduite ait une valeur inférieure ou égale à *d*, T le temps jusqu'à l'échéance, S_0 la valeur du sous-jacent aujourd'hui, K le prix d'exercice de l'option, *r* le taux sans risque et σ la volatilité de l'action. Cette valeur N(d) peut s'obtenir à partir d'une table de la loi normale centrée réduite ou, avec Excel, grâce à la fonction « = LOI.NORMALE.STANDARD() ».

MÉMO 6 La gestion de portefeuille et de patrimoine

1 La gestion de portefeuille

La **gestion de portefeuille** consiste à créer, puis à suivre, un portefeuille d'actifs financiers en fonction d'un certain nombre d'objectifs et de contraintes.

A. Le processus de construction d'un portefeuille

La première étape consiste à définir la **politique d'investissement**, en fixant clairement les objectifs de rentabilité et de risque toléré par l'investisseur. Nous retrouvons là les deux dimensions fondamentales de la gestion de portefeuille. Cette politique d'investissement doit également tenir compte de contraintes, qui peuvent être propres à l'investisseur (horizon de placement, niveau de liquidité, refus de certains secteurs économiques...) ou externes (légales, fiscales...). Cette **stratégie** peut être **active** ou **passive**. Les stratégies passives se fondent principalement sur la réplication d'un indice. Le portefeuille est alors composé des mêmes titres que l'indice répliqué, dans les mêmes proportions. Une stratégie active consiste à modifier la composition du portefeuille en fonction des révisions des prévisions de marché, que ces prévisions portent sur le marché dans sa globalité (inflation, croissance du PIB...) ou sur un titre en particulier (chiffre d'affaires, marges...).

Sur la base de ces différents éléments, le gestionnaire élabore une **allocation stratégique d'actifs** : quelles classes d'actifs (actions, obligations, monétaire...), dans quelles proportions, quels pays, quels secteurs... Une fois exécutée, la pertinence de l'allocation stratégique est, à intervalles réguliers, contrôlée et éventuellement révisée. À ce stade, il ne s'agit pas de définir si le portefeuille doit comporter du Danone ou du Orange, mais dans quelle proportion il doit être exposé au marché français des actions.

B. La prise en compte de l'horizon de placement

Selon que le **placement** est à **court**, **moyen** ou **long terme**, la classe d'actifs dans laquelle seront investies les liquidités sera plus ou moins risquée. Plus l'investissement est à court terme, plus les actifs devront être peu risqués car, en cas de pertes, il sera plus difficile de se « refaire ». L'horizon a également une incidence sur la liquidité des actifs retenus. Un investissement à court terme doit ainsi nécessairement se faire dans une classe d'actifs très liquides.

C. Le choix de la classe d'actifs et l'allocation stratégique

Le choix de la classe d'actifs est fonction du niveau de risque qu'est prêt à prendre l'investisseur. Un profil prudent investira dans des actifs monétaires, alors qu'un investisseur acceptant de prendre des risques se portera vers les actions. L'allocation stratégique d'actifs est le point de départ de la construction du portefeuille. Elle va consister à définir les classes d'actifs dans lesquelles investir, puis à fixer leur poids respectif, en fonction des objectifs et contraintes définies en amont.

ex : *Un portefeuille à long terme pour lequel une prise de risque significative est admise pourra être composé de 60 % d'actions, 30 % d'obligations et 10 % de monétaire.*

D. La sélection des titres à mettre en portefeuille

Une fois la ou les classes d'actifs définies ainsi que leur poids respectif, le gestionnaire doit, s'il pratique une gestion active, sélectionner les titres à mettre en portefeuille. Cette sélection peut se faire de différentes façons. La gestion traditionnelle va consister à sélectionner les titres qui semblent sous-évalués par le marché (**gestion dite *value***) ou ceux dont les perspectives de croissance semblent les plus prometteuses (**gestion dite *growth***). La gestion quantitative de portefeuille va, quant à elle, se fonder sur des modèles statistiques pour identifier les titres dans lesquels investir. La gestion traditionnelle suppose que le gestionnaire connaisse son univers d'investissement (les actions françaises, par exemple), ce qui limite les possibilités de diversification internationale. Au contraire, le gestionnaire quantitatif fait confiance à son modèle, ce qui peut le conduire à investir dans des titres dont il ignore tout (les informations provenant de bases de données financières). L'univers d'investissement peut alors être mondial.
Dans une gestion dite *value*, le gestionnaire va rechercher des titres dont le cours lui paraît être significativement inférieur à leur valeur fondamentale, qui sera estimée par l'actualisation des flux de trésorerie disponibles ou le recours à des approches comparatives. Les **approches *top-down*** partent d'une analyse de l'économie pour définir les secteurs d'activité dans lesquels investir. Au contraire, les **approches *bottom-up*** vont passer en revue tous les titres d'un marché afin de rechercher ceux dans lesquels investir, sans considération particulière d'équilibre entre secteurs d'activité.

2 La gestion de patrimoine

La **gestion de patrimoine** est l'activité qui consiste à optimiser le patrimoine d'une personne. Elle est par nature pluridisciplinaire car elle fait appel à des compétences dans les domaines du droit, de la fiscalité et de la finance. Plus précisément, son objet va être de faire fructifier un patrimoine, tout en le protégeant des aléas de la vie personnelle et professionnelle de son propriétaire, et en limitant autant que faire se peut, et dans le cadre légal, son imposition. Enfin, elle doit permettre sa transmission dans les meilleures conditions possibles.
Pour y parvenir, la première étape va consister à réaliser un **bilan patrimonial** afin de définir ensuite une **stratégie patrimoniale** ainsi qu'une **stratégie d'investissement**.

A. Le bilan patrimonial

Le bilan patrimonial consiste à réaliser un recensement exhaustif de la situation patrimoniale d'une personne physique :

- les **actifs** qu'elle possède, qu'ils soient financiers (actions, obligations, OPCVM), immobiliers (physiques ou sous forme de titres tels que les SCPI : société civile de placement immobilier) ou mobiliers (meubles, œuvres d'art, bijoux, or...) et leurs formes de détention (directe, indirecte *via* des sociétés, assurance vie...) ;

- les **passifs** dont elle est redevable, notamment les crédits en cours ;
- sa **situation familiale** et le cadre juridique qui lui est associé : régime matrimonial, enfant à charge... ;
- sa **situation fiscale** : impôts dont elle est redevable (impôt sur le revenu, impôt sur la fortune immobilière...), et les montants payés sur les dernières années.

B. La stratégie patrimoniale

En parallèle de ce recensement, le travail va consister à définir les **objectifs** poursuivis à **court**, **moyen** et **long terme** par la personne et les problématiques qu'elle rencontre. Parmi celles-ci, on peut rencontrer :

- le choix du **régime matrimonial**, et l'anticipation des conséquences d'une séparation : communauté réduite aux acquêts, communauté universelle, séparation de biens, Pacs... ;
- les questions de **successions** et de **donations** : anticiper une succession, en limiter les conséquences fiscales, réaliser des dons, favoriser un héritier... ;
- la **protection** d'une personne : le conjoint survivant, un enfant handicapé... ;
- la mise en place de **montages juridiques** : création de sociétés civiles, démembrement de propriété... ;
- l'optimisation de son **imposition** : réalisation d'investissements immobiliers défiscalisants, choix de certaines options fiscales... ;
- la réalisation **d'investissements** afin de faire fructifier son patrimoine ou d'en constituer un afin de générer des revenus complémentaires une fois à la retraite ;
- la constitution d'une **épargne retraite**... ;
- la protection de son **patrimoine privé** lorsque l'on est dirigeant, afin que l'éventuelle faillite de son entreprise soit sans impact sur ses autres biens.

Les états financiers consolidés

Dès lors qu'une société dispose de filiales, la lecture de ses seuls états financiers individuels ne permet pas de porter un jugement pertinent sur sa santé financière. Les comptes consolidés, en regroupant en un seul jeu les états financiers de la société mère et de ses filiales, permettent d'avoir une vision globale et synthétique du groupe.
Les états financiers peuvent être présentés selon trois formats :
- **le Règlement du Comité de la Réglementation Comptable (CRC 99-02) de 1999 ;**
- **les normes IFRS (*International Financial Reporting Standards*), obligatoires pour les sociétés cotées européennes ;**
- **la recommandation du Conseil National de la Comptabilité (CNC) de 2004, pour les sociétés soumises aux IFRS.**

1 Les méthodes de consolidation

Selon le type de contrôle qui est exercé par la société consolidante, la technique de consolidation des comptes sera différente :
- Contrôle exclusif sur la filiale : intégration globale ;
- Contrôle conjoint sur la filiale : intégration proportionnelle en CRC 99-02 ou mise en équivalence en IFRS ;
- Influence notable sur la filiale : mise en équivalence.

A. L'intégration globale (IG)

Il y a contrôle exclusif dès lors que la société consolidante détient plus de 40 % des droits de vote de la filiale, sans qu'aucun autre associé n'en détienne plus (le seuil est de 50 % en IFRS). La consolidation va consister à ajouter aux états financiers de la mère, 100 % des produits, charges, actifs et dettes de la filiale, même si la mère détient moins de 100 % du capital de la fille (le fait qu'elle ait un contrôle exclusif sur sa filiale la place dans la même situation que si elle la détenait à 100 %). Il va cependant falloir supprimer de l'actif consolidé, la valeur nette comptable (VNC) des titres de la fille et réduire d'autant les capitaux propres du groupe. Enfin, la quote-part des capitaux propres de la fille qui est détenue par des actionnaires extérieurs au groupe va apparaître dans les capitaux propres consolidés sous l'intitulé « intérêts minoritaires ».

B. L'intégration proportionnelle (IP)

Il y a intégration proportionnelle lorsque la société consolidante partage le pouvoir sur sa filiale avec d'autres sociétés (à 50-50 par exemple). On parle alors de contrôle conjoint. Dans cette situation, les produits, charges, actifs et passifs de la filiale sont ajoutés à ceux de la société mère, à hauteur du pourcentage d'intérêts du groupe dans la filiale. Là aussi, la VNC des titres de la filiale est supprimée de l'actif et les capitaux propres consolidés sont réduits d'autant.

C. La mise en équivalence (MEE)

Lorsque la société mère ne fait que participer aux décisions au sein de sa filiale, sans être en mesure de les imposer, il n'y a pas de contrôle mais juste une influence notable. La consolidation va consister à remplacer la VNC des titres de la filiale (qui figure à l'actif du bilan de la mère) par la valeur de la quote-part du groupe dans les capitaux propres de celle-ci. Ils apparaissent alors au bilan consolidé sous le terme « titres mis en équivalence ». Les capitaux propres du groupe sont réévalués de la différence entre le montant de la quote-part et de la VNC.

2 Le bilan consolidé

Le bilan consolidé regroupe les actifs, dettes et provisions pour risques et charges de la société mère (à 100 %), des filiales intégrées globalement (à 100 %) et des filiales intégrées proportionnellement (à hauteur du pourcentage d'intérêts). Au passif, les capitaux propres font ressortir des intérêts minoritaires. La VNC des titres des filiales est supprimée pour celles intégrées (IG et IP), et les capitaux propres réduits d'autant. Dans le cas de filiales MEE, cette VNC est remplacée par la quote-part du groupe dans leurs capitaux propres.

Remarque. Il n'y a des intérêts minoritaires qu'à partir du moment où certaines filiales sont consolidées par IG. Il n'y a pas d'intérêts minoritaires avec l'IP et la MEE.

A. Le format français

Le règlement CRC 99-02 impose au bilan consolidé la présentation à minima des rubriques suivantes :

ACTIF	PASSIF
Actif immobilisé	**Capitaux propres (part du groupe)**
- écarts d'acquisition	- capital
- immobilisations incorporelles	- primes
- immobilisations corporelles	- réserves et résultat consolidés
- immobilisations financières	- autres
- titres mis en équivalence	**Intérêts minoritaires**
Actif circulant	**Provisions pour risques et charges**
- stocks et en cours	**Dettes**
- clients et comptes rattachés	- emprunts et dettes financières
- autres créances et comptes de régularisation	- fournisseurs et comptes rattachés - autres dettes et comptes rattachés
- valeurs mobilières de placement - disponibilités	
Total de l'actif	**Total du passif**

En couleur sont indiqués les postes spécifiques aux comptes consolidés. Les écarts d'acquisition correspondent à la différence entre le prix payé lors de l'acquisition d'une société et la valeur réévaluée de ses actifs (y compris incorporels), déduction faite de la valeur de ses dettes. Ils correspondent ainsi à la valeur des actifs intangibles qui n'ont pu être identifiés et valorisés de façon distincte.
Les biens détenus dans le cadre de contrats de crédit-bail peuvent être considérés comme des locations (et donc ne pas figurer au bilan, comme dans les comptes individuels) ou comme ayant été acquis à crédit. Cette dernière solution est la méthode qui est recommandée par le CRC 99-02. Les actifs et passifs d'impôt différé peuvent être présentés sur deux lignes distinctes au bilan, ou ne figurer de façon distincte qu'en annexe.

B. Le format international

Le format du bilan IFRS diffère sur quelques points du bilan CRC 99-02. Doivent figurer de façon distincte en IFRS les postes suivants : immeubles de placement (possédés par l'entreprise mais non occupés par elle car loués), actifs biologiques, actifs et passifs destinés à être cédés, impôts différés actif et passif. En IFRS, les actifs et passifs sont répartis en deux grandes catégories : éléments courants et éléments non courants selon que leur liquidité (actifs) ou leur exigibilité (passifs) est à moins (courants) ou plus (non courants) d'un an. Lorsque la société possède des titres d'autocontrôle (sur elle-même), ils doivent venir en déduction des capitaux propres, alors qu'ils figurent à l'actif, en VMP, dans un bilan CRC 99-02.

Remarque. Le bilan présente un état du patrimoine du groupe à un instant donné (le 31 décembre N par exemple). Le compte de résultat et le tableau des flux de trésorerie récapitulent les opérations sur une période donnée (par exemple, du 1er janvier au 31 décembre N).

3 Le compte de résultat consolidé

A. Le format français

Le compte de résultat au format CRC 99-02 peut être présenté de deux façons, par nature ou par destination. En cas de présentation par destination, le détail par nature doit être indiqué en annexe.

Par nature	Par destination
Chiffre d'affaires	**Chiffre d'affaires**
+ Autres produits d'exploitation	- Coût des ventes
- Achats consommés	- Charges commerciales
- Charges de personnel	- Charges administratives
- Autres charges d'exploitation	- Autres charges et produits d'exploitation

Par nature	Par destination
- Impôts et taxes	
- Dotations aux amortissements, dépréciations et provisions	
	= Résultat d'exploitation
	± Charges et produits financiers
	= Résultat courant des entreprises intégrées
	± Charges et produits exceptionnels
	- Impôts sur les résultats
	= Résultat net des entreprises intégrées
	± Quote-part dans le résultat des entreprises mises en équivalence
	- Dotations aux amortissements des écarts d'acquisition
	= Résultat net de l'ensemble consolidé
	- Intérêts minoritaires
	= Résultat net (part du groupe)
	Résultat par action de base
	Résultat par action dilué

Quelques points méritent précisions :
- le résultat courant et le résultat net des entreprises intégrées ne tiennent compte que des résultats de la société mère et des filiales en IG et IP. Ils n'intègrent pas celui des filiales MEE, mais retient celui des filiales en IG à 100 % (donc en incluant la part revenant aux minoritaires) ;
- l'amortissement des écarts d'acquisition (sur 20 ans au maximum) apparaît après le résultat net de l'ensemble intégré (et non avec les autres dotations aux amortissements) ;
- l'impôt sur le résultat représente l'impôt exigible et l'impôt différé ;
- le bas du compte de résultat permet de distinguer la part qui revient au groupe de celle revenant aux minoritaires (des filiales en IG).

B. Le format international

La norme IAS 1 prévoit de faire figurer au minimum les rubriques suivantes :
- revenus ;
- charges financières ;
- quote-part de résultat dans les sociétés mises en équivalence ;
- résultat des activités arrêtées ou en cours de cession ;
- charge d'impôt ;
- profit ou perte (ventilé entre part du groupe et minoritaires).

En l'état, le format IFRS se distingue principalement du format français sur les points suivants :
- en IFRS, le résultat exceptionnel ou extraordinaire n'existe pas ;

- interdiction en IFRS d'amortir les écarts d'acquisition alors que cela est obligatoire en CRC 99-02. En IFRS, les écarts doivent faire l'objet d'un test annuel de dépréciation, pouvant aboutir à la comptabilisation d'une dépréciation. Cette dépréciation apparaît dans le résultat opérationnel en IFRS alors que la dotation aux amortissements apparaît en bas du compte de résultat en CRC 99-02.

L'IASB a publié en septembre 2007 une nouvelle version de la norme IAS 1 relative à la présentation de l'information financière.

C. Le format de l'Autorité des Normes Comptables

Le Conseil National de la Comptabilité (CNC) a publié en 2004 une recommandation (qui est donc facultative) pour les sociétés soumises aux IFRS (sociétés cotées françaises). Cette recommandation a fait l'objet de plusieurs actualisations, la dernière en 2013 (R2013-03).

Par fonction	Par nature
Chiffre d'affaires	Chiffre d'affaires
+ Autres produits de l'activité	+ Autres produits de l'activité
- Coût des ventes	- Achats consommés
- Frais de recherche & développement	- Charges de personnel
- Frais commerciaux	- Charges externes
- Frais généraux	- Impôts et taxes
± Autres produits et charges d'exploitation	- Dotation aux amortissements - Dotation aux provisions
	± Variation des stocks de produits
	± Autres produits et charges d'exploitation
= Résultat opérationnel courant ± **Autres produits et charges opérationnels**	
= Résultat opérationnel + Produits de trésorerie et d'équivalents de trésorerie - Coût de l'endettement financier brut	
= **Coût de l'endettement financier net** ± Autres produits et charges financiers - Charge d'impôt ± Quote-part du résultat net des sociétés mises en équivalence	
= Résultat net d'impôt des activités poursuivies ± **Résultat net d'impôt des activités abandonnées**	
= Résultat net (RN) • RN part du groupe • RN intérêts minoritaires	

Certains produits et charges sont comptabilisés directement en capitaux propres, sans passer par le compte de résultat. Dès lors, la variation des capitaux propres de l'exercice ne s'explique plus uniquement par le résultat de l'exercice et d'éventuelles opérations sur le capital. Ces éléments, appelés en anglais *other comprehensive income*, sont répartis entre :

- des éléments recyclables qui seront reclassés ultérieurement en résultat net ;
- des éléments non recyclables qui ne seront pas reclassés ultérieurement en résultat net.

La somme du résultat net et de ces produits nets des charges correspond au résultat global (*comprehensive income*).

Résultat net (A)

Éléments qui seront reclassés [ou recyclables] ultérieurement en résultat net (B) :

- Écarts de conversion
- Réévaluation des instruments dérivés de couverture
- Réévaluation des actifs financiers disponibles à la vente
- Élément de la quote-part des gains et pertes comptabilisés directement en capitaux propres des entreprises mises en équivalence
- Impôts liés

Éléments qui ne seront pas reclassés [ou ne sont pas recyclables] ultérieurement en résultat net (C) :

- Réévaluation des immobilisations
- Réévaluation [ou écarts actuariels] au titre des régimes à prestations définies
- Élément de la quote-part des gains et pertes comptabilisés directement en capitaux propres des entreprises mises en équivalence
- Impôts liés

Total des gains et pertes comptabilisés directement en capitaux propres (B + C)

Résultat net et gains et pertes comptabilisés directement en capitaux propres (A + B + C)

Quelques remarques :

- les éléments extraordinaires figurent dans le résultat opérationnel, sur une ligne distincte : « autres produits et charges opérationnels » ;
- le résultat financier est ici décomposé en deux éléments : le coût de l'endettement et les autres produits et charges financiers. Les intérêts des dettes sont présentés sous l'intitulé « coût de l'endettement financier brut ». La différence avec les produits des placements de trésorerie permet d'aboutir au coût de l'endettement financier net ;
- le résultat net des filiales cédées au cours de l'année ou en cours de cession figure sur une ligne distincte, juste avant le résultat net.

4 Le tableau des flux de trésorerie consolidé

A. Le format français

Le tableau des flux de trésorerie récapitule les flux de trésorerie qui sont entrés et sortis de l'entreprise au cours de la période, en les regroupant en trois grandes catégories (exploitation, investissement et financement). Il peut se construire à partir du résultat net des entreprises intégrées ou du résultat d'exploitation des entreprises intégrées :

▸ Méthode 1

Résultat net des sociétés intégrées
± Élimination des charges et produits sans incidence sur la trésorerie ou non liés à l'activité :
+ Amortissements, dépréciations et provisions (*à l'exclusion des dépréciations sur actif circulant*)
± Variation des impôts différés
- Plus-values de cession (nettes d'impôt) (*si l'impôt qui se rattache à la PV est décomposé*)
= Marge brute d'autofinancement des sociétés intégrées
+ Dividendes reçus des sociétés mises en équivalence
- Variation du besoin en fonds de roulement lié à l'activité (*à détailler par grandes rubriques*)
= Flux net de trésorerie généré par l'activité (A)
- Acquisition d'immobilisations
+ Cession d'immobilisations, nettes d'impôt
± Incidence des variations de périmètre (*prix d'achat ou de vente augmenté ou diminué de la trésorerie acquise ou versée*)
= Flux net de trésorerie lié aux opérations d'investissement (B)
- Dividendes versés aux actionnaires de la société mère
- Dividendes versés aux minoritaires des sociétés intégrées
+ Augmentations de capital en numéraire
+ Émissions d'emprunts
- Remboursements d'emprunts
= Flux net de trésorerie lié aux opérations de financement (C)
Variation de trésorerie (A + B + C)
+ Trésorerie d'ouverture
± Incidence des variations de cours des devises
= Trésorerie de clôture

▸ Méthode 2

Résultat d'exploitation des entreprises intégrées

± Élimination des charges et produits d'exploitation sans incidence sur la trésorerie :

+ Amortissements, dépréciations et provisions d'exploitation (*à l'exclusion des dépréciations sur actif circulant*)

= Résultat brut d'exploitation

- Variation du besoin en fonds de roulement d'exploitation (*à détailler par grandes rubriques*)

= Flux net de trésorerie d'exploitation

± Autres encaissements et décaissements liés à l'activité :

- Frais financiers

+ Produits financiers

+ Dividendes reçus des sociétés mises en équivalence

- Impôt sur les sociétés, hors impôt sur les plus-values de cession

± Charges et produits exceptionnels liés à l'activité

± Autres

= Flux net de trésorerie généré par l'activité

Remarque. Puisque la réintégration des amortissements, dépréciations et provisions ne concerne pas les dépréciations sur actifs circulants, la variation du BFR doit se calculer d'après les montants nets (et non bruts).

En partant du résultat net, il faut réintégrer l'ensemble des amortissements, dépréciations et provisions d'exploitation et financiers (sauf sur actif circulant). En partant du résultat d'exploitation, il ne faut réintégrer que les amortissements, dépréciations et provisions d'exploitation (sauf sur actif circulant).

B. Le format international

La structure en IFRS est relativement proche de la présentation française. La principale différence est, qu'en IFRS, les dividendes versés peuvent être classés en flux opérationnel ou de financement alors qu'ils sont obligatoirement en exploitation en CRC 99-02.

C. Le format ANC (R2013-03)

Résultat net consolidé (y compris intérêts minoritaires)

+ Dotations (nettes des reprises) aux amortissements, dépréciations et provisions (à l'exclusion de celles liées à l'actif circulant)

± Gains (-) et pertes (+) latents liés aux variations de juste valeur

± Charges (+) et produits (-) calculés liés aux stock-options et assimilés

± Autres produits (-) et charges (+) calculés

± Plus (-) et moins-values (+) de cession

± Profits (-) et pertes (+) de dilution

- Quote-part de résultat liée aux sociétés mises en équivalence

- Dividendes (titres non consolidés)

= Capacité d'autofinancement après coût de l'endettement financier net et impôt

+ Coût de l'endettement financier net
+ Charge d'impôt (y compris impôts différés)
= Capacité d'autofinancement avant coût de l'endettement financier net et impôt (A)
- Impôts versé (B)
- Variation du B.F.R. lié à l'activité (y compris dette liée aux avantages au personnel) (C)
= Flux net de trésorerie généré par l'activité (D) = (A + B + C)
- Décaissements liés aux acquisitions d'immobilisations corporelles et incorporelles
+ Encaissements liés aux cessions d'immobilisations corporelles et incorporelles
- Décaissements liés aux acquisitions d'immobilisations financières (titres non consolidés)
+ Encaissements liés aux cessions d'immobilisations financières (titres non consolidés)
± Incidence des variations de périmètre
+ Dividendes reçus (sociétés mises en équivalence, titres non consolidés) *
± Variation des prêts et avances consentis
+ Subventions d'investissement reçues
± Autres flux liés aux opérations d'investissement
= Flux net de trésorerie lié aux opérations d'investissement (E)
+ Sommes reçues des actionnaires lors d'augmentations de capital
+ Sommes reçues lors de l'exercice des stock-options
± Rachats et reventes d'actions propres
- Dividendes mis en paiement au cours de l'exercice
+ Encaissements liés aux nouveaux emprunts
- Remboursements d'emprunts (y compris contrats de location financement)
- Intérêts financiers nets versés (y compris contrats de location financement)
± Autres flux liés aux opérations de financement
= Flux net de trésorerie lié aux opérations de financement (F)
± Incidence des variations des cours des devises (G)
= Variation de la trésorerie nette (D + E + F + G)

* Il est possible de les classer en flux opérationnel

5 Le tableau de variation des capitaux propres consolidé

Ce tableau permet d'expliquer les causes des variations des différents postes des capitaux propres d'un exercice à l'autre.

	Capital	Réserves liées au capital	Titres auto-détenus	Réserves et résultats consolidés	Résultats enregistrés directement en capitaux propres	Total part Groupe	Minoritaires	Total
Capitaux propres clôture n-1								
Changement de méthodes comptables								
Capitaux propres clôture n-1 corrigée								
Opérations sur capital								
Paiements fondés sur des actions								
Opérations sur titres auto-détenus								
Dividendes								
Résultat net de l'exercice								
Immobilisations corporelles et incorporelles : Réévaluations et cessions (1)								
Instruments financiers : variations de juste valeur et transferts en résultat (2)								
Écarts de conversion : variations et transferts en résultat (3)								
Résultat enregistré directement en capitaux propres (1) + (2) + (3)								
Variation de périmètre								
Capitaux propres clôture n								

L'analyse des états financiers consolidés

L'analyse financière des comptes consolidés procède de la même démarche que pour les comptes individuels. Ceci étant, du fait de leur structure et des spécificités de certains postes, le calcul des ratios, notamment de rentabilité, nécessite une attention particulière.

Diagnostic Financier du Groupe

↓

Étude du périmètre de consolidation

↓

Analyse de la profitabilité du Groupe :
- Rentabilité des capitaux investis
- Rentabilité des capitaux employés
- Rentabilité des capitaux propres

Analyse de la l'activité du Groupe :
- Croissance du chiffre d'affaires
- Rotation des actifs
- Information sectorielle

Analyse du risque du Groupe :
- Liquidité
- Solvabilité

1 Le périmètre de consolidation et ses variations

Le périmètre de consolidation représente la frontière comptable du groupe, qui correspond à l'ensemble des sociétés dont les comptes vont être agrégés afin d'aboutir aux comptes consolidés. Le périmètre comprend la société mère ainsi que toutes les sociétés sur lesquelles le groupe exerce un contrôle, exclusif ou conjoint, ou une influence notable. L'étude du périmètre doit notamment permettre d'apprécier :
- le risque de change et le risque pays si certaines filiales sont implantées à l'étranger ;
- la stratégie de croissance ou de recentrage du groupe si certaines sociétés sont entrées ou sorties du périmètre ou si leur pourcentage de contrôle a évolué.

A. L'entrée dans le périmètre de consolidation

Lors de l'entrée d'une nouvelle société dans le périmètre de consolidation, deux méthodes de consolidations sont possibles :
- la méthode de la mise en commun d'intérêts, qui est interdite en IFRS et en US GAAP, et dont les conditions de mise en œuvre en France rendent l'utilisation quasi-impossible ;
- la méthode de la juste valeur, seule autorisée en IFRS et US GAAP.

Dans le cadre de cette seconde méthode, les actifs, dettes et provisions pour risques et charges (PRC) de la société acquise vont être comptabilisés au bilan consolidé pour leur juste valeur (et non pour leur valeur comptable au bilan de la société acquise). Pour cela, tous les actifs de la société vont faire l'objet d'une réévaluation, y compris ceux qui ne figurent pas au bilan (les marques créées, par exemple). Si, à l'issue de ces opérations de réévaluation, le prix payé pour l'acquisition reste supérieur à l'actif net réévalué (actifs - dettes - PRC), la différence sera comptabilisée en écart d'acquisition (*goodwill*) dans les immobilisations incorporelles.

ex : *La société Juan vient d'être acquise pour 5 M €. Ses actifs ont une valeur comptable de 4 M € et ses dettes s'élèvent à 1 M €. Après expertise, il ressort que la valeur réévaluée des actifs de la société est de 4,5 M €.*
Le montant de l'actif net réévalué est : 4,5 - 1 = 3,5 M €.
Il faut donc comptabiliser les actifs pour 4,5 M € et un écart d'acquisition pour :
Écart d'acquisition = 5 - 3,5 = 1,5 M €.

B. La sortie du périmètre de consolidation

En cas de sortie d'une filiale du périmètre de consolidation, le traitement n'est pas symétrique entre les postes du bilan et ceux du compte de résultat. Le bilan étant établi à un instant donné, les actifs et passifs de la filiale sont supprimés du bilan consolidé. Par contre, le compte de résultat retraçant les opérations sur une période donnée, les produits et les charges de la filiale vont figurer au compte de résultat consolidé pour ceux engagés sur la période où la filiale était dans le groupe (par exemple, du 1er janvier au 20 juin). Cette comptabilisation des produits et charges de la filiale peut se faire de deux façons :

- soit en les rattachant aux différents postes correspondants du compte de résultat (les charges de personnel dans les charges de personnel...) ;
- soit en calculant un résultat net, par différence entre les produits et les charges de la filiale cédée, et en le faisant apparaître sur une ligne distincte du compte de résultat (résultat net d'impôt des activités arrêtées ou en cours de cession).

Seule cette 2nde méthode permet un calcul pertinent de la rentabilité car les postes du bilan n'intégrant plus la filiale cédée, il faut pouvoir exclure du résultat celui en provenance de cette dernière :

$$\text{Rentabilité} = \frac{\text{Résultat (hors filiales cédées)}}{\text{Actifs ou Capitaux propres (hors filiales cédées)}}$$

2 Les mesures de la rentabilité

La rentabilité mesure la rémunération obtenue par les apporteurs de fonds (actionnaires et/ou créanciers financiers). Elle se calcule en rapportant un résultat aux capitaux apportés par les apporteurs de fonds qui vont percevoir ce résultat.

A. La rentabilité à partir des comptes individuels

Afin d'estimer le montant des fonds apportés par les différents apporteurs de fonds, le bilan de l'entreprise doit être reformulé comme suit :

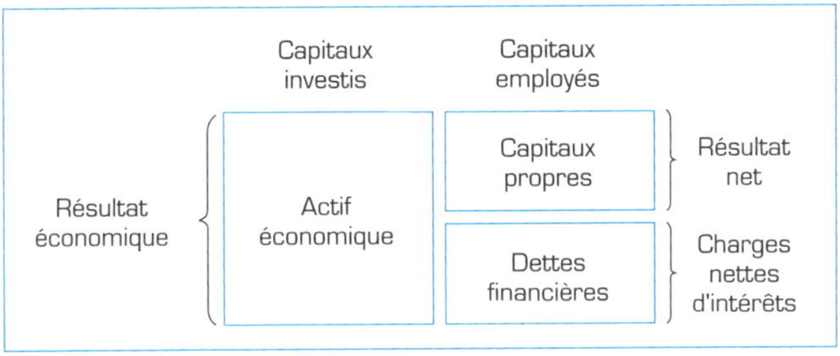

où l'actif économique (AE) peut également se calculer comme suit :

AE = Actif immobilisé + BFR + Trésorerie à l'actif

L'estimation des différents niveaux de rentabilité donne alors :

Apporteurs de fonds	Rémunération versée après impôt (1)	Fonds investis (2)	Rentabilité (1)/(2)
Créanciers financiers	Charges nettes d'intérêts : $i \times (1 - T)$	Dettes financières : DF	Coût apparent de la dette (Kd)
Actionnaires	Résultat net : RN	Capitaux propres : CP	Rentabilité des capitaux propres (Kc)
Actionnaires et créanciers financiers	Résultat économique : $RE = RN + i \times (1 - T)$	Actif économique : AE = CP + DF	Rentabilité économique (Ka)

i : charges d'intérêt de la période et T, le taux de l'impôt sur les bénéfices.

Il est cependant possible d'estimer le résultat net et le résultat économique en excluant le résultat exceptionnel :

Résultat économique = [Résultat d'exploitation + Produits financiers
– Charges financières (hors charges d'intérêt)] × [1 – T]

Résultat net = Résultat économique après impôt – Charges d'intérêt × [1 – T]

B. La rentabilité à partir des comptes consolidés

Du fait de la structure du bilan consolidé, et de la présence d'une 3e catégorie d'apporteurs de fonds (les minoritaires), il n'est pas possible de répliquer les formules précédentes sur les comptes consolidés. La reformulation du bilan aboutit à la structure suivante :

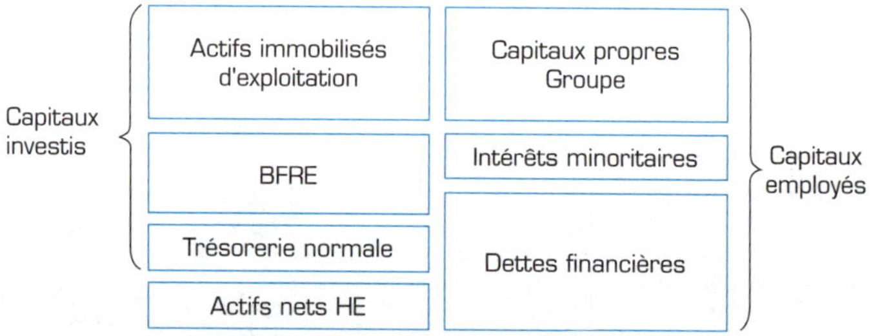

Composition de certaines rubriques :

- Actifs nets hors exploitation = actifs en cours de cession + titres mis en équivalence + immobilisations financières + impôts différés actifs - passifs en cours de cession - impôts différés passifs ;
- Dettes financières = dettes financières courantes et non courantes + provisions pour retraites.

Le résultat économique (RE) consolidé se calcule comme suit :

RE = Résultat opérationnel + produits de trésorerie
$\pm$ autres produits (+) et charges (-) financiers - impôt sur résultat économique

L'impôt sur le RE s'estime en supprimant de l'impôt total figurant dans le compte de résultat la part qui se rapporte au coût de l'endettement financier brut (les intérêts d'emprunts), soit, pour un taux d'IS de 33 1/3 % :

Impôt sur RE = impôt sur les bénéfices + 1/3
$\times$ coût de l'endettement financier brut

1. La rentabilité économique des capitaux employés

Le ROCE (*return on capital employed*) mesure la rentabilité obtenue par les différents apporteurs de fonds de l'entreprise (actionnaires du groupe, minoritaires et créanciers financiers), qu'ils vont avoir à se partager :

ROCE = Résultat économique après impôt/Capitaux employés

2. La rentabilité économique des capitaux investis

Le ROIC (*return on invested capital*) mesure la performance opérationnelle de l'entreprise :

ROIC = Résultat économique après impôt/Capitaux investis

3. La rentabilité des capitaux propres du groupe

La rentabilité des capitaux propres (ROE : *return on equity*) mesure la rémunération obtenue par les seuls actionnaires majoritaires. Elle s'obtient en rapportant le résultat qui leur revient, après déduction de l'impôt, aux fonds qu'ils ont investis, soit :

ROE = Résultat Net Part de Groupe/Capitaux Propres Groupe

3 L'analyse par les ratios

Les ratios peuvent se regrouper en trois grandes familles :

Activité	Profitabilité	Risque
Croissance du chiffre d'affaires	Taux de marge	Liquidité
Rotation des actifs	Rentabilité économique	Solvabilité
Répartition de l'activité	Rentabilité des capitaux propres	Endettement

A. Les ratios de rotation des actifs à court terme

Ratio	Calcul
Taux de BFRE	$\frac{\text{BFRE}}{\text{CA HT}}$
Délai rotation stocks marchandises et MP (en jours)	$\frac{\text{Stock moyen}}{\text{Coût achats Mses vendues et MP consommées}} \times 360$
Délai rotation stocks produits (en jours)	$\frac{\text{Stock moyen}}{\text{Coût de production}} \times 360$
Délai de règlement des clients (en jours)	$\frac{\text{Créances clients}}{\text{CA TTC}} \times 360$
Délai de règlement des fournisseurs (en jours)	$\frac{\text{Dettes fournisseurs}}{\text{Achats et services extérieurs TTC}} \times 360$

B. L'analyse de la profitabilité

Les ratios de marge mesurent la capacité de l'entreprise à dégager des profits à partir de son chiffre d'affaires. Cependant, compte tenu de la composition du CA consolidé, tous les niveaux de résultats ne peuvent convenir pour les estimer, car il doit y avoir cohérence entre le numérateur (résultat) et le dénominateur (CA) :

	IG	IP	MEE	Minoritaires
Chiffre d'affaires (CA)	✓	✓		✓
Excédent brut d'exploitation (EBE)	✓	✓		✓
Résultat d'exploitation (REX) ou opérationnel (ROP)	✓	✓		✓
Résultat net (RN)	✓	✓	✓	✓
Résultat net Part du groupe (RN-PG)	✓	✓	✓	

Taux de marge brute (TMB)	$\frac{\text{EBE ou EBITDA}^{(1)}}{\text{Chiffre d'affaires}}$
Taux de marge opérationnelle (TMO)	$\frac{\text{REX ou ROP}}{\text{Chiffre d'affaires}}$
Taux de marge nette (TMN)	$\frac{\text{Résultat net des entreprises intégrées}^{(2)}}{\text{Chiffre d'affaires}}$

(1) EBITDA : *earnings before interests, taxes, depreciation and amortization.*

(2) résultat net des entreprises intégrées = résultat net – résultat des entreprises mises en équivalence.

C. L'analyse du risque

Elle se fait par l'analyse de la solvabilité de l'entreprise (aptitude à faire face à ses engagements à court, moyen et long terme) et le calcul de ratios d'endettement, de couverture et de liquidité :

Ratio d'endettement 1	$\frac{\text{Dettes totales}}{\text{Total actif}}$
Ratio d'endettement 2	$\frac{\text{Dettes totales}}{\text{Capitaux propres}}$
Ratio d'endettement 3	$\frac{\text{Dettes totales}}{\text{Capitalisation boursière}}$
Ratio d'endettement 4	$\frac{\text{Dettes financières}}{\text{Capitaux propres}}$
Ratio d'endettement 5	$\frac{\text{Dettes financières}}{\text{Capacité d'autofinancement}}$
Couverture des intérêts	$\frac{\text{Résultat d'exploitation}}{\text{Charges d'intérêt}}$
Couverture des charges fixes	$\frac{\text{Marge sur coûts variables}}{\text{Charges fixes}}$
Couverture des investissements	$\frac{\text{Flux de trésorerie d'exploitation}}{\text{Investissements}}$
Couverture des dettes	$\frac{\text{Flux de trésorerie d'exploitation}}{\text{Dettes totales}}$

Liquidité générale	$\dfrac{\text{Stocks + créances + trésorerie}}{\text{Passifs à court terme}}$
Liquidité réduite	$\dfrac{\text{Créances + trésorerie}}{\text{Passifs à court terme}}$
Liquidité immédiate	$\dfrac{\text{Trésorerie}}{\text{Passifs à court terme}}$

D. Décomposition de la rentabilité

La rentabilité économique peut se décomposer en deux éléments, le taux de marge opérationnelle (TMO) après impôt (T) et le taux de rotation de l'actif économique (TRAE) :

$$K_a = \text{TMO} \times (1 - \text{T}) \times \text{TRAE}$$

$$K_a = \frac{\text{Résultat économique après impôt}}{\text{Chiffre d'affaires}} \times \frac{\text{Chiffre d'affaires}}{\text{Actif économique}}$$

La rentabilité des capitaux propres peut se décomposer en trois ratios :

$$K_c = \text{Profitabilité} \times \text{Activité} \times \text{Solvabilité}$$

$$K_c = \frac{\text{Résultat net}}{\text{Chiffre d'affaires}} \times \frac{\text{Chiffre d'affaires}}{\text{Actif économique}} \times \frac{\text{Actif économique}}{\text{Capitaux propres}}$$

MÉMO 9 L'analyse extra-financière

L'analyse extra-financière vient compléter l'étude des informations comptables et financières des entreprises. Elle se structure généralement autour des critères ESG (environnementaux, sociaux et de gouvernance) qui en sont les piliers.

1 La gouvernance des entreprises

A. L'entreprise moderne : séparation entre propriété et direction

De nos jours, la plupart des grandes entreprises sont dirigées par les managers qui ne détiennent qu'une infime partie de leur capital, voire qui ne détiennent aucune action de leur entreprise. Ainsi, il y a séparation des fonctions de **propriété** (les **actionnaires**) et de **contrôle** (les **dirigeants**). Et cette séparation a une incidence sur le fonctionnement de l'entreprise car les intérêts des dirigeants peuvent être divergents de ceux des actionnaires. En effet, cette séparation entre la propriété du capital et la direction des entreprises offre aux dirigeants un pouvoir discrétionnaire dont ils peuvent, dans certains cas, abuser.

B. La théorie de l'agence et le contrôle des dirigeants

Au sein des entreprises, il existe ainsi des conflits d'intérêts entre les différents groupes en présence (actionnaires, créanciers, dirigeants...), conflits qui engendrent des coûts. La **théorie de l'agence** a pour objet d'identifier ces conflits, de les comprendre et de proposer des mécanismes pour en réduire les coûts. Il apparaît ainsi une relation d'agence « *lorsqu'une personne a recours aux services d'une autre personne en vue d'accomplir en son nom une tâche quelconque* » (Jensen et Meckling, 1976). Dans une entreprise, le mandataire est l'actionnaire et le mandaté, le dirigeant. La théorie de l'agence propose que les actionnaires mettent en place des **procédures de surveillance et d'incitation** afin de vérifier que le dirigeant agit bien conformément à leurs intérêts.

Cependant, afin de limiter les conséquences de ces moyens disciplinaires et de retrouver un espace discrétionnaire maximum (marge de manœuvre et liberté maximales), le dirigeant dispose de certains moyens. Cela passe par la nomination d'**administrateurs** qui lui sont redevables, par la multiplication de **mandats croisés** (le dirigeant est administrateur d'une autre entreprise, et le dirigeant de cette dernière et administrateur de la première) ou encore par la réalisation d'investissements dans des secteurs qu'il maîtrise parfaitement (stratégie d'enracinement). Il peut aussi augmenter la taille de l'entreprise pour en rendre la structure complexe et difficilement compréhensible et gérable pour un nouveau dirigeant. Il peut aussi prévoir des clauses anti prise de contrôle (pilules empoisonnées).

C. La gouvernance des entreprises

Le gouvernement d'entreprise ou **gouvernance d'entreprise** recouvre les méthodes de direction des entreprises et de contrôle des actions des dirigeants. Il concerne le cadre juridique retenu par l'entreprise, la façon dont les dirigeants et les administrateurs sont nommés, et l'organisation du contrôle interne. Il s'intéresse ainsi à la façon dont est réparti le pouvoir à l'intérieur de celle-ci.

Si, dans les pays à modèle anglo-saxon, l'accent est mis sur les relations entre dirigeants et actionnaires, dans les **systèmes** dits « **fermés** » présents au Japon, en Allemagne et en France, l'intérêt de l'ensemble des parties prenantes (*stakeholders*) est pris en compte dans le cadre de la gouvernance des entreprises. Le gouvernement d'entreprise s'intéresse aussi à l'égalité de traitement entre les différents actionnaires, telle que la défense des minoritaires face aux intérêts des majoritaires en matière d'accès à l'information mais aussi de droit de vote.

2 Le rôle du conseil d'administration

En première ligne du contrôle des dirigeants se trouve le conseil d'administration. Le rôle du **conseil d'administration** est de définir la stratégie de l'entreprise, de désigner les mandataires sociaux (son président), de contrôler la gestion et de veiller à la qualité de l'information communiquée aux actionnaires.

Le Code de commerce précise les pouvoirs des différents organes de direction de l'entreprise (art. L. 225-35)

> *« Le conseil d'administration détermine les orientations de l'activité de la société et veille à leur mise en œuvre. Sous réserve des pouvoirs expressément attribués aux assemblées d'actionnaires et dans la limite de l'objet social, il se saisit de toute question intéressant la bonne marche de la société et règle par ses délibérations les affaires qui la concernent. Le conseil d'administration procède aux contrôles et vérifications qu'il juge opportuns. Le président ou le directeur général de la société est tenu de communiquer à chaque administrateur tous les documents et informations nécessaires à l'accomplissement de sa mission. ».*

A. La composition du conseil d'administration

Dans une **société anonyme**, le conseil d'administration (CA) est composé d'au moins 3 membres et jusqu'à 18 au maximum. Cependant, ce plafond ne tient pas compte des administrateurs salariés qui peuvent être prévus dans les statuts, ni des représentants des salariés actionnaires.

En principe, les administrateurs sont élus par **l'assemblée générale (AGO) des actionnaires**. Dans certains cas particuliers, le nouveau membre peut être coopté par les autres administrateurs, cooptation qui doit ensuite faire l'objet d'une ratification par l'AGO. La durée du mandat est fixée par les statuts et ne peut excéder 6 ans. Cependant, ils peuvent être réélus, sans limitation de mandats. L'âge limite est fixé par les statuts.

Le CA est une **instance collégiale**, où chaque administrateur dispose d'une seule voix lors des votes, quel que soit le nombre d'actions qu'il possède. Leur participation est rémunérée sous la forme de jetons de présence. Il est fréquent que les principaux directeurs d'une entreprise soient membres de son CA. Si cette situation peut présenter l'avantage de réunir des personnes pour qui l'entreprise n'a pas de secret, elle les place dans une situation non exempte de **conflits d'intérêts**. En tant qu'administrateur, le directeur est amené à juger de la performance du président du CA et a la possibilité de le révoquer. Mais en tant que salarié, il peut faire l'objet d'une procédure de licenciement de la part du président. Cette situation explique, pour partie, que même les plus mauvais dirigeants de sociétés cotées peuvent rester en fonction alors que leurs résultats sont calamiteux.

B. Le conseil d'administration « idéal »

Le CA peut être composé de **personnes internes** (salariés de la société, qu'ils aient des fonctions de direction ou non), **externes mais liées à la société** (banquiers notamment) ou **indépendantes**. La présence d'administrateurs indépendants est de nature à permettre un meilleur contrôle des dirigeants et ainsi, à mieux représenter les actionnaires. Des études ont ainsi montré que les CA ayant une majorité d'administrateurs externes étaient plus disposés à révoquer les dirigeants affichant de mauvaises performances que les CA ayant une minorité d'administrateurs indépendants.

Le conseil d'administration idéal devrait comporter **au minimum un tiers d'administrateurs indépendants** (Vienot, 1999) ou **la moitié si le capital est dispersé** (rapport Bouton). Un administrateur est indépendant s'il « *n'entretient aucune relation de quelque nature que ce soit, avec la société ou son groupe, qui puisse compromettre l'exercice de sa liberté de jugement* ».

Le conseil d'administration doit être réuni au moins une fois par an pour juger de la performance du président et des directeurs généraux. Le rôle, la compétence et l'implication de chaque administrateur au sein du conseil d'administration doivent aussi être étudiés. Les administrateurs doivent avoir accès à une information fiable et suffisante pour leur permettre de porter un jugement.

3 Le reporting RSE

Depuis le 1er septembre 2017, une « **déclaration de performance extra-financière** » (DPEF) est insérée de façon obligatoire dans le rapport de gestion et publiée sur le site web de certaines sociétés, lorsqu'elles dépassent certains seuils.

La déclaration présente des informations sur la manière dont la société prend en compte les **conséquences sociales et environnementales** de son activité, ainsi que, pour les sociétés cotées sur un marché, les effets de cette activité quant au **respect des droits de l'homme et à la lutte contre la corruption et l'évasion fiscale**.

La déclaration comprend notamment des informations relatives :

- aux conséquences sur le changement climatique de l'activité de la société et de l'usage des biens et services qu'elle produit ;

- à ses engagements sociétaux en faveur du développement durable, de l'économie circulaire, de la lutte contre le gaspillage alimentaire, de la lutte contre la précarité alimentaire, du respect du bien-être animal et d'une alimentation responsable, équitable et durable ;
- aux accords collectifs conclus dans l'entreprise et à leurs impacts sur la performance économique de l'entreprise ainsi que sur les conditions de travail des salariés, aux actions visant à lutter contre les discriminations et promouvoir les diversités et aux mesures prises en faveur des personnes handicapées.

Cette déclaration de performance extra-financière, qui remplace le rapport RSE, se structure autour de quatre grandes parties :
- le modèle d'affaires de l'entreprise ;
- les principaux risques liés à son activité ;
- les politiques et les plans d'actions pour prévenir, identifier et atténuer la survenance de ces risques ;
- les résultats de ces politiques, incluant les indicateurs clés de performance.

Les informations soumises à **obligation de publication** sont de trois ordres :
- **informations sociales** : emploi dans l'entreprise, organisation du travail, santé et sécurité, relations sociales, formation, égalité de traitement ;
- **informations environnementales** : politique générale en matière environnementale, pollution, économie circulaire, changement climatique ;
- **informations sociétales** : engagements sociétaux en faveur du développement durable, sous-traitance et fournisseurs, loyauté des pratiques en faveur de la santé et de la sécurité des consommateurs.

MÉMO 10 L'évaluation d'entreprise

Évaluer une entreprise est une opération qui peut se faire aussi bien dans un cadre financier (cession, introduction en Bourse, augmentation de capital...) que dans un cadre comptable (évaluation d'un écart d'acquisition, test de dépréciation...). Il existe trois principales familles de méthodes d'évaluation : les approches actuarielles, les approches comparatives et les approches patrimoniales.

Bilan économique en valeurs comptables

Actif économique (AE)	Capitaux propres (CP)
	Dettes financières (DF)

Bilan en valeurs de marché

Valeur globale de l'entreprise (VGE)	Capitalisation boursière (V_{cp})
	Dettes financières (V_{df})

Quelle que soit l'approche retenue, l'objectif de l'évaluation est d'estimer la valeur de marché des capitaux propres (V_{cp}), soit de façon directe, soit de façon indirecte, par différence entre la valeur globale de l'entreprise et la valeur de marché de ses dettes financières ($V_{cp} = VGE - V_{df}$).

1 Les approches actuarielles

Ces approches consistent à actualiser des flux futurs, qu'il s'agisse de dividendes ou de flux de trésorerie.

A. Le choix du taux d'actualisation

Comme tout calcul actuariel, il doit y avoir cohérence entre le flux qui est actualisé et le taux d'actualisation, qui représente le taux de rendement qui est exigé de l'actif évalué, compte tenu du niveau de risque associé aux flux concernés :

- les dividendes revenant aux actionnaires sont à actualiser au taux de rendement exigé par ces derniers, soit au coût des fonds propres (R_c) ;
- les flux de trésorerie disponibles reviennent à l'ensemble des apporteurs de fonds, et sont donc à actualiser au coût du capital (CMPC).

B. L'actualisation des dividendes

L'actualisation des dividendes permet une estimation directe de la valeur de marché des capitaux propres (V_{cp}) ou, en raisonnant au niveau unitaire, de l'action. Pour sa mise en œuvre, plusieurs approches sont possibles, selon les hypothèses retenues quant à l'évolution dans le temps des dividendes (variable, stable, en croissance...).

Formule générale : $V_{cp} = \sum_{t=1}^{\infty} \frac{D_t}{(1 + R_c)^t}$

où D_t représente le dividende versé au cours de l'exercice *t*.

Dans les faits, comme il n'est pas possible de faire des prévisions sur un horizon infini, soit seuls les dividendes sur un horizon proche (*n* années) font l'objet d'une estimation, puis un taux de croissance (*g*) constant est retenu, soit il est considéré que les dividendes vont connaître dès à présent une phase de croissance stable (on parle alors du modèle de Gordon-Shapiro) :

Prévision puis croissance stable : $V_{cp} = \sum_{t=1}^{n} \frac{D_t}{(1+R_c)^t} + \frac{D_{n+1}}{R_c - g} \times (1+R_c)^{-n}$

Croissance stable (Gordon-Shapiro) : $V_{cp} = \frac{D_1}{R_c - g}$

Remarque. Il faut bien faire attention au fait qu'il y a un décalage d'une période entre la valeur obtenue (à la date 0), et le 1er dividende retenu (D_1).

ex : *Le dernier dividende versé par l'action A est de 10 €. Vous estimez qu'il va croître à l'avenir à un taux constant de 2 %. Le coût des fonds propres de l'action est de 12 %. Le dividende anticipé pour le prochain exercice est donc de :* $D_1 = 10 \times 1{,}02 = 10{,}2$. *Soit une valeur de l'action de :* $V_{action} = 10{,}2/(0{,}12 - 0{,}02) = 102$ €.

C. L'actualisation des flux de trésorerie disponibles (FTD)

Il s'agit de l'approche la plus utilisée en matière d'évaluation d'entreprise. Elle consiste à décomposer l'avenir de l'entreprise en deux phases, une première, qui dure *n* années, sur laquelle des prévisions vont être réalisées, et une seconde, sur laquelle l'évolution des FTD va être modélisée par le biais d'un taux de croissance (*g*) constant :

$$V_{cp} = \sum_{t=1}^{n} \frac{FTD_t}{(1+CMPC)^t} + \frac{VT_n}{(1+CMPC)^n} - V_{df}$$

où la valeur terminale (VT) s'estime ainsi :

$$VT_n = \frac{FTD_{n+1}}{CMPC - g}$$

Flux de trésorerie disponible (FTD) :
= Résultat d'exploitation (ou opérationnel)
- Impôt normatif sur le résultat d'exploitation (ou opérationnel)
+ Dotations aux amortissements, aux dépréciations et provisions d'exploitation (DADP)
- Reprises sur amortissements, aux dépréciations et provisions d'exploitation (RADP)
- Variation du BFRE
- Investissements bruts de l'exercice.

Remarque. La valeur terminale représente la valeur actualisée des FTD qui vont apparaître au-delà de la période de prévision de *n* années. Elle s'estime à partir de la valeur du flux de l'année *n* + 1, et aboutit à une valeur à l'année *n* (principe de décalage d'une période).

ex : *Le business plan de la société à évaluer fait ressortir les flux prévisionnels suivants :*

	1	2	3	4
FTD	100	120	140	160

Au-delà de l'année 4, les FTD vont croître au taux annuel de 3 %. Le coût du capital de la société est de 11 % et ses dettes financières s'élèvent à 300.

$$VGE = \frac{100}{1{,}11} + \frac{120}{1{,}11^2} + \frac{140}{1{,}11^3} + \frac{160}{1{,}11^4} + \frac{160 \times 1{,}03}{0{,}11 - 0{,}03} \times (1{,}11)^{-4} = 1\,752$$

$$V_{cp} = VGE - V_{df} = 1\,752 - 300 = 1\,452$$

2 Les approches comparatives

Les approches comparatives consistent à évaluer une entreprise par comparaison à des sociétés du même secteur d'activité, soit cotées, soit ayant fait l'objet d'une cession dans un passé proche. Mais parce que les sociétés sont de taille différente, la comparaison ne peut être directe et doit se faire par le biais d'un multiple de valorisation.

A. L'estimation du multiple de valorisation

Un multiple est le rapport entre la VGE ou V_{cp} et un inducteur de valeur :

$$\text{Multiple} = \frac{\text{VGE ou } V_{cp}}{\text{Inducteur de valeur}}$$

L'inducteur de valeur correspond à l'élément qui va servir à comparer les entreprises entre elles. Il peut s'agir d'une donnée comptable (chiffre d'affaires, résultat d'exploitation...) ou d'une donnée réelle (nombre d'abonnés, m^2...).

Le numérateur (VGE ou V_{cp}) doit être cohérent avec l'inducteur de valeur :
- VGE si l'inducteur est une donnée réelle ou une donnée comptable estimée avant déduction des intérêts d'emprunts ;
- V_{cp} si l'inducteur est une donnée comptable estimée après déduction des intérêts d'emprunts.

Remarque. $VGE = V_{cp} + V_{df}$
V_{cp} = cours de l'action × nombre d'actions émises

ex : *Le résultat net de la société Pinson est de 100 K €, pour un résultat d'exploitation de 120 K €. Son capital est composé de 100 000 actions (valeur nominale 1 euro) qui cotent 7 euros l'unité. Les dettes financières de la société s'élèvent à 300 K €.*
VGE = 100 000 × 7 + 300 000 = 1 000 000
Multiple du résultat d'exploitation = 1 000 000/120 000 = 8,33
Multiple du résultat net = 700 000/100 000 = 7

B. L'estimation de la valeur de la société

Une fois les multiples des sociétés comparables calculés, il faut en faire la moyenne, puis appliquer le multiple moyen aux données de la société :

Valeur de la société =

$$\text{Multiple de la VGE}_{\text{échantillon}} \times \text{Inducteur}_{\text{société}} - \text{Dettes financières}_{\text{société}}$$

ou

$$\text{Multiple de Vcp}_{\text{échantillon}} \times \text{Inducteur}_{\text{société}}$$

ex : *Si le résultat d'exploitation de la société Poussin est de 1 M €, son résultat net de 700 K € et ses dettes financières de 2 450 K €, sa valeur sur la base des multiples de la société Pinson est :*

Multiple du REX : $V_{cp} = 1\,000 \times 8{,}33 - 2\,450 = 5\,880$ K €

Multiple du RN : $V_{cp} = 700 \times 7 = 4\,900$ K €

3 Les approches patrimoniales

Il s'agit ici de valoriser l'entreprise sur la base des éléments constituant son patrimoine, pris individuellement. Dans certains cas, seuls les éléments tangibles du bilan vont être valorisés. Dans d'autres, les actifs intangibles vont également être évalués, notamment par le calcul d'un *goodwill*.

A. L'estimation de l'actif net réévalué

L'actif net réévalué (ANR) correspond à la différence entre la valeur réévaluée des différents actifs dont la société est propriétaire et la valeur de ses dettes :

ANR = valeur réévaluée des actifs - valeur des dettes

Au préalable, il est nécessaire de procéder à certains retraitements comptables :
- suppression des actifs fictifs (frais d'établissement, primes de remboursement des obligations et frais d'émission des emprunts) ;
- affectation du résultat de l'exercice : les dividendes prévus doivent être inclus dans les dettes ;
- rattachement des provisions pour risques et charges aux dettes, sauf si elles ne sont pas ou plus justifiées, auquel cas elles doivent être rattachées aux capitaux propres ;
- traitement des écarts de conversion. Afin de ne pas supprimer les effets des réévaluations des dettes et créances en devises, l'écart de conversion-actif doit être maintenu dans les actifs et l'écart de conversion-passif est à rattacher aux dettes ;
- suppression du fonds commercial si un *goodwill* est ajouté, le valoriser dans le cas contraire.

Pour ce qui est du crédit-bail, il doit être assimilé à un mode de financement au même titre que l'emprunt. Ceci induit pour le calcul de l'ANR d'inclure les biens concernés dans les actifs et passifs :
- à l'actif, pour leur valeur réévaluée, généralement leur VNC théorique estimée sur la base de la durée d'utilisation du bien (et non sur la durée du contrat) ;
- au passif, pour un montant égal à la part en capital des loyers restant dus (qui peut être estimé en actualisant les loyers futurs au taux actuariel du contrat).

B. L'estimation du *goodwill*

La principale limite de la valeur obtenue sur la base de l'ANR vient du fait qu'il fait l'impasse sur la valeur des actifs intangibles de l'entreprise (savoir-faire, réputation...). Pour y remédier, un *goodwill* (GW), représentant la valeur de ces éléments, peut être ajouté à l'ANR pour aboutir à la valeur de marché des capitaux propres :

$$V_{cp} = ANR + GW$$

Le *goodwill* correspond à la valeur actualisée (au taux R_{gw}) des surprofits (rentes) futurs que l'entreprise va dégager grâce à l'existence de ses actifs intangibles :

$$GW = \sum_{t=1}^{\infty} \frac{Rente_t}{\left(1 + R_{gw}\right)}$$

Pour estimer le niveau annuel de la rente, il faut confronter :

- le résultat prévisionnel associé (RPA), qui correspond au résultat attendu des actifs **tangibles** et **intangibles** de l'entreprise ;
- le résultat prévisionnel théorique (RPT), qui correspond au résultat attendu des actifs **tangibles** de l'entreprise (on parle alors de CPNE).

La différence entre ces deux niveaux de résultat représente le résultat attendu des actifs **intangibles** de l'entreprise :

$$\text{Rente annuelle} = RPA - RPT$$

avec RPT = CPNE × Taux de rémunération des CPNE
et :

CPNE	RPA
Actifs immobilisés nécessaires à l'exploitation (valeur réévaluée)	Résultat d'exploitation + charges d'exploitation non liées à l'activité - produits d'exploitation non liés à l'activité - participation des salariés + produits financiers (hors produits des VMP) - charges financières (hors intérêts)
+ BFRE	- intérêt sur découverts
+ trésorerie d'exploitation	+ produits des cessions de VMP
+ crédit-bail	+ loyer crédit-bail - amortissement théorique de crédit-bail
	= résultat brut associé à la CPNE
	- impôt théorique sur les sociétés
= CPNE	**= résultat associé aux CPNE**

Pour le calcul du goodwill, deux cas particuliers peuvent se rencontrer :
- Méthode des anglo-saxons : la rente est constante sur un horizon infini, d'où :

$$GW = \frac{Rente}{R_{gw}}$$

- Méthode de la rente abrégée : la rente est constante sur un horizon fini de *n* années, d'où :

$$GW = \text{Rente} \times \frac{1 - (1 + R_{gw})^{-n}}{R_{gw}}$$

Remarque. Ne pas confondre le taux d'actualisation (R_{gw}) qui représente le taux de rendement attendu des actifs intangibles (et est donc fonction de leur niveau de risque) et le taux de rémunération des CPNE (R_{cpne}) qui représente le taux de rendement attendu des actifs tangibles (les CNPE).

C. Prise en compte de la fiscalité latente dans l'ANR

La fiscalité latente intervient dans l'estimation de l'ANR dans quatre cas :

- lors de la réévaluation des actifs et passifs de l'entreprise, si l'actif a vocation à être cédé ou s'il s'agit d'une moins-value qui fera l'objet d'une dépréciation (fiscalement déductible) ;
- en présence de déficits fiscaux ;
- sur les postes des capitaux propres qui vont induire une imposition future (provisions réglementées, amortissements dérogatoires, subventions d'investissement) ;
- lors de la suppression des actifs fictifs (frais d'établissement, prime de remboursement des obligations, frais d'émission des emprunts).

Poste	Traitement
Plus-value sur actif à céder (non nécessaire à l'activité)	Dette fiscale latente = PV × T %
Moins-value sur actif à céder (non nécessaire à l'activité)	Créance fiscale latente = MV × T %
Plus-value sur actif d'exploitation	Pas de fiscalité
Moins-value sur actif d'exploitation	Créance fiscale latente = MV × T %
Déficit fiscal	Créance fiscale latente = Déficit fiscal × T %
Postes des capitaux propres en sursis d'imposition	Dette fiscale latente = Montant du poste × T %
Actifs fictifs	Créance fiscale latente = VNC × T %

T : taux d'imposition de la société
PV : plus-value = valeur réévaluée du bien - VNC du bien
MV : moins-value = valeur réévaluée du bien - VNC du bien

MÉMO 11 Le coût du capital

Le coût du capital est une notion centrale en finance car il sert à estimer la création de valeur, que ce soit en matière de choix d'investissement, d'évaluation d'entreprise ou de mesure de la performance. Il représente le taux de rentabilité qui est exigé par l'ensemble des apporteurs de fonds de l'entreprise, qu'ils soient actionnaires ou créanciers financiers.

1 Principes généraux

Le coût du capital, ou coût moyen pondéré du capital (CMPC), est la moyenne pondérée du coût des fonds propres (R_c) et du coût de la dette (R_d), compte tenu de leur poids respectif (V_{cp} et V_{df}) dans la structure financière de l'entreprise et du taux de l'impôt sur les sociétés (T), soit :

$$CMPC = R_c \times \frac{V_{cp}}{VGE} + R_d \times (1 - T) \times \frac{V_{df}}{VGE}$$

où VGE, la valeur globale de l'entreprise, est égale à : $VGE = V_{cp} + V_{df}$

A. Le coût des fonds propres (R_c)

Ce coût représente l'exigence de rentabilité des actionnaires de l'entreprise, compte tenu du risque qu'ils prennent en investissant dans cette dernière. Dans la plupart des cas, ce coût s'estime à partir du MEDAF (modèle d'évaluation des actifs financiers) :

$$R_c = R_f + \beta_c \times PR_m$$

où R_f représente le taux sans risque (taux des OAT à 10 ans, pour la France), β_c le risque systématique de l'action et PR_m la prime de risque du marché (entre 4-6 % pour la France).

B. Le coût de la dette (R_d)

Le coût de la dette représente le taux de rentabilité qui est exigé par les créanciers financiers, compte tenu de la situation actuelle de l'entreprise. Il s'agit du taux auquel l'entreprise pourrait s'endetter aujourd'hui. Compte tenu du fait que les intérêts d'emprunts sont des charges qui sont fiscalement déductibles, il convient de tenir compte de l'économie d'impôt qu'ils vont procurer. Ainsi, c'est le coût net qui est utilisé : $R_d \times (1 - T)$.

Remarque. Ne pas confondre le coût de la dette (R_d) qui correspond au taux auquel l'entreprise pourrait s'endetter aujourd'hui et coût apparent de la dette (K_d) le taux auquel elle s'est endettée dans le passé.

C. La pondération

La pondération des deux coûts (R_c et R_d) doit se faire en fonction de la valeur de marché des capitaux propres (V_{cp}) et des dettes financières (V_{df}), qui représentent la richesse des actionnaires et des créanciers financiers. Dans la pratique, il est souvent fait l'hypothèse que la valeur de marché des dettes financières est proche de leur valeur comptable, ce qui permet de retenir le montant figurant au bilan.

Remarque. Ne jamais pondérer à partir de la valeur comptable des capitaux propres. Ne tenir compte que des dettes financières (qui portent intérêts), en ignorant les dettes d'exploitation (fournisseurs, fiscales et sociales...).
Lorsque la société n'est pas cotée, l'estimation de la pondération ne peut se faire de façon directe, puisqu'il n'est pas possible d'observer une valeur de marché pour les capitaux propres. Dans cette situation, plutôt que de chercher à estimer V_{cp} et V_{df}, le raisonnement se fait à partir d'une structure financière cible, par exemple 75 % de capitaux propres et 25 % de dettes financières.

Remarque. Si le levier financier (V_{df}/V_{cp}) est de 0,25 et sachant que $VGE = V_{cp} + V_{df}$, cela signifie que $V_{cp}/VGE = 1/1{,}25 = 0{,}8$ et $V_{df}/VGE = 1 - 0{,}8 = 0{,}2$.

2 Le cas des sociétés non cotées

La mise en œuvre de ce qui précède suppose de disposer du bêta de l'action (β_c) de la société. Or, si cette dernière n'est pas cotée, il n'est pas possible de l'estimer en régressant les rentabilités passées de l'action sur celles du marché (voir fiche 2).
L'estimation du β_c peut cependant se faire indirectement, par le biais de sociétés cotées et comparables en termes d'activité.

Remarque. Cette approche est également à utiliser lorsque l'on souhaite apprécier la rentabilité d'un projet d'investissement dont le niveau de risque est différent de celui de l'entreprise ou lorsque ce projet modifie de façon significative la structure financière de la société (voir fiche 8).

A. Le bêta de l'activité (β_a)

Plus une société est endettée, plus le risque pris par les actionnaires (β_c) est important. De ce fait, deux entreprises appartenant au même secteur peuvent avoir un β_c relativement différent. Par contre, le risque associé à leur activité sera proche. C'est ce que mesure le bêta de l'activité (β_a), qui représente la sensibilité des flux d'exploitation de la société à l'état du marché. Il s'estime comme suit :

$$\beta_a = \frac{\beta_c + \beta_d \times \frac{V_{df}}{V_{cp}}}{1 + \frac{V_{df}}{V_{cp}}} = \beta_c \times \frac{V_{cp}}{VGE} + \beta_d \times \frac{V_{df}}{VGE}$$

où β_d représente le risque systématique de la dette.

Remarque. Le bêta de l'activité correspond donc à la moyenne pondérée du bêta des capitaux propres (de l'action) et du bêta de la dette.

B. Le bêta de la dette (β_d)

Pour estimer le bêta de l'activité, il faut donc disposer du bêta de l'action (voir fiche 2) et du bêta de la dette (β_d). Si les dettes financières de la société sont cotées (dettes obligataires), il peut s'estimer de la même façon que le bêta de l'action, par régression.

Une façon alternative de l'estimer est de considérer que la théorie du MEDAF est également valide pour les dettes, soit :

$$R_d = R_f + \beta_d \times PR_m \rightarrow \beta_d = (R_d - R_f)/PR_m$$

Remarque. Le bêta de la dette est généralement faible, inférieur à 0,5.

C. Du bêta de l'activité au coût du capital

Pour estimer le coût du capital d'une société non cotée, il faut procéder en 7 étapes :
1 - Constituer un échantillon d'entreprises comparables cotées ;
2 - Calculer leur bêta des capitaux propres (β_c), voir fiche n° 2 ;
3 - Calculer leur bêta de l'actif (β_a), point 2A de cette fiche ;
4 - Calculer le bêta de l'activité (moyenne des β_a des sociétés de l'échantillon) ;
5 - Calculer le β_c de la société non cotée à partir du β_a sectoriel, de son β_d et de sa structure financière :

$$\beta_c = \beta_a + [\beta_a - \beta_d] \times \frac{V_{df}}{V_{cp}}$$

6 - Calcul du coût des fonds propres de la société non cotée, à partir du MEDAF, point 1A de cette fiche ;
7 - Calcul du coût moyen pondéré du capital.

$$CMPC = R_c \times \frac{V_{cp}}{VGE} + R_d \times (1 - T) \times \frac{V_{df}}{VGE}$$

ou

$$CMPC = R_a - T \times R_d \times \frac{V_{df}}{VGE} \text{ avec } R_a = R_f + \beta_a \times PR_m$$

Les choix d'investissement

L'objectif est ici de définir des critères de sélection permettant d'identifier les projets d'investissement rentables.

1 La Valeur actuelle nette (VAN)

Cet indicateur mesure la valeur créée par la réalisation d'un projet d'investissement. Elle est calculée par la différence entre la valeur actualisée, à la date de l'investissement (t_0), des décaissements et des encaissements relatifs à l'investissement. L'actualisation se fait au coût du capital du projet (R_p).
La Valeur Actualisée Nette (VAN) mesure ainsi la création nette de valeur, après paiement de l'investissement initial et rémunération des apporteurs de fonds, qu'ils soient actionnaires ou créanciers financiers.
Lorsque la totalité de l'investissement (I_0) se fait en t = 0, la formule de la VAN est la suivante :

$$VAN = -I_0 + F_1(1 + R_p)^{-1} + F_2(1 + R_p)^{-2} + \ldots + F_n(1 + R_p)^{-n} = -I_0 + \sum_{t=1}^{n} \frac{F_t}{(1 + R_p)^t}$$

où F_t est le flux de trésorerie dégagé à la période *t*.

ex : *Soit un projet d'investissement dont les flux de trésorerie sont résumés dans le tableau ci-après. Le coût du capital du projet est de 12 %.*

Année	0	1	2	3	4
Flux	- 1 500	350	500	800	1 000

Le principe de la VAN consiste à ramener à la date 0 l'ensemble des flux relatifs à l'exploitation, en les actualisant :
VAN = - 1 500 + 350 × $(1,12)^{-1}$ + 500 × $(1,12)^{-2}$ + 800 × $(1,12)^{-3}$ + 1 000 × $(1,12)^{-4}$ = 416,04 €
Ce projet a permis de créer un supplément de valeur de 416,04 €, déduction faite de la rémunération des apporteurs de fonds à un taux de 12 %.

Les avantages de la VAN :

- elle est calculée sur la base des flux de trésorerie et non pas sur des résultats comptables ;
- elle intègre le coût du temps et le coût du risque au travers du taux d'actualisation ;
- elle mesure la création de richesse apportée par le projet d'investissement en valeur absolue.

Remarque. Lorsque la VAN est positive, le projet est rentable et peut être réalisé, et inversement.

2 Les critères alternatifs à la VAN

A. Le taux interne de rentabilité (TIR)

Il mesure la rentabilité du projet en valeur relative et s'estime comme étant le taux qui annule la VAN. L'équation permettant de le calculer est la suivante :

$$- I_0 + F_1 (1 + TIR)^{-1} + F_2 (1 + TIR)^{-2} + ... + F_n (1 + TIR)^{-n} = 0$$

Il se calcule par tâtonnements ou à l'aide d'une calculatrice financière.

Remarque. Lorsque ce taux est supérieur au coût du capital, la VAN du projet est positive et le projet est rentable (et inversement).

ex : *Avec les données de l'exemple précédent, le TIR est tel que :*

$$-1\,500 + 350 \times (1 + TIR)^{-1} + 500 \times (1 + TIR)^{-2} + 800 \times (1 + TIR)^{-3} + 1\,000 \times (1 + TIR)^{-4} = 0$$

Soit TIR = 22,44 %.

Ce projet a un taux de rentabilité supérieur au coût du capital (12 %), il est donc rentable.

Limites du critère du TIR :

- en cas de projets « impurs » (projets dont les flux de trésorerie changent plus d'une fois de signe et dont l'équation précédente accepte plusieurs racines), les TIR calculés n'ont plus aucune signification économique ;
- ce critère suppose que les flux intermédiaires dégagés par le projet sont réinvestis au TIR, ce qui est peu probable ;
- il mesure la création de richesse en valeur relative (en pourcentages) et non plus en valeur absolue.

B. L'indice de profitabilité

$$IP = \frac{\sum_{t=1}^{n} \frac{F_t}{(1 + R_p)^t}}{I_0} = \frac{VAN + I_0}{I_0} = \frac{VAN}{I_0} + 1$$

Les projets rentables sont ceux dont l'indice de profitabilité est supérieur à 1.

Il donne la rentabilité en valeur relative et non pas en valeur absolue. Ce critère est préconisé dans les choix d'investissement en cas de rationnement du capital (cas où l'entreprise ne dispose pas de suffisamment de fonds pour réaliser tous les projets rentables).

ex : *L'indice de profitabilité de l'exemple supra est égal à :*

$$IP = \frac{416,04}{1\,500} + 1 = 1,28$$

Sa rentabilité est supérieure au coût du capital.

C. Le délai de récupération (DR)

Le délai de récupération mesure le temps nécessaire pour récupérer l'investissement initial grâce aux flux de trésorerie dégagés par le projet. Il mesure la liquidité du projet, indépendamment de sa rentabilité.

ex : *Le délai de récupération du projet précédent se calcule à partir des flux de trésorerie cumulés dans le temps.*

Année	0	1	2	3	4
Flux	- 1 500	350	500	800	1 000
Flux cumulés		350	850	1 650	2 650

L'investissement initial est récupéré entre la 2e et la 3e année. Le délai de récupération est calculé par interpolation linéaire :

DR = 2 + (1 500 - 850)/(1 650 - 850) = 2,8125 soit deux ans 9 mois et 22 jours environ.

Limites du critère du délai de récupération :

- c'est un critère de liquidité qui ne mesure en rien la rentabilité. Il privilégie les projets dégageant des flux trésorerie importants en début de vie ;
- il n'intègre, ni le risque, ni le coût du temps. Cette seconde limite peut être levée en calculant un délai de récupération à partir de flux de trésorerie actualisés.

D. Les critères globaux

Les critères de la VAN et du TIR aboutissent parfois à des résultats contradictoires en cas de classement de projets. Le calcul de la VAN suppose un réinvestissement des flux intermédiaires au coût du capital, tandis que le critère du TIR repose sur l'hypothèse d'un réinvestissement de ces mêmes flux au TIR.

Pour résoudre ce problème, il est possible de fixer un taux commun de réinvestissement (R_i) des flux intermédiaires, et de calculer une VAN (VAN_G) et un TIR (TIR_G) globaux :

$$VAN_G = -I_0 + \sum_{t=1}^{n} \frac{F_t \times (1 + R_i)^{n-t}}{(1 + R_p)^n} \quad \text{et} \quad -I_0 + \sum_{t=1}^{n} \frac{F_t \times (1 + R_i)^{n-t}}{(1 + TIR_G)^n} = 0$$

ex : *En supposant que les flux intermédiaires sont réinvestis à un taux de 10 %, les critères globaux de l'exemple sont égaux à :*

$$VAN_G = -1\,500 + \frac{350 \times (1{,}1)^3}{1{,}12^4} + \frac{500 \times (1{,}1)^2}{1{,}12^4} + \frac{800 \times (1{,}1)}{1{,}12^4} + \frac{1\,000}{1{,}12^4} = 375{,}32$$

$$-1\,500 + \frac{350 \times (1{,}1)^3}{(1 + TIR_G)^4} + \frac{500 \times (1{,}1)^2}{(1 + TIR_G)^4} + \frac{800 \times (1{,}1)}{(1 + TIR_G)^4} + \frac{1\,000}{(1 + TIR_G)^4} = 0$$

$$\text{Soit } TIR_G = \left[\frac{350 \times (1{,}1)^3 + 500 \times (1{,}1)^2 + 800 \times (1{,}1) + 1000}{1500}\right]^{1/4} - 1 = 18{,}43\ \%$$

3 L'évaluation des flux de trésorerie

Trois types de flux sont à distinguer :
- le flux d'investissement de la période initiale ;
- les flux intermédiaires dégagés par l'exploitation ;
- le flux dégagé à la période finale.

A. L'investissement initial ou le capital investi

Il s'agit de l'ensemble des dépenses d'investissement nécessaires à la réalisation du projet. Ce flux initial comprend le coût d'acquisition des immobilisations, les frais de mise en service, l'augmentation du besoin en fonds de roulement d'exploitation (BFRE) et les éventuels coûts d'opportunité (affectation au projet d'un bien appartenant à l'entreprise). Les dépenses engagées avant le lancement du projet ne doivent pas être prises en compte. En effet, que le projet soit abandonné ou réalisé, ces décaissements sont définitifs, ils ne doivent donc pas intervenir dans le calcul de la rentabilité.
En cas de projet de remplacement, si l'investissement s'accompagne de la vente d'anciennes immobilisations, le capital investi doit être minoré du prix de cession, net d'impôt sur le résultat de cession, de ces anciennes immobilisations.

Remarque. Si les flux d'investissement n'interviennent pas tous en t = 0 mais sont étalés dans le temps, l'investissement initial est calculé par la somme des valeurs actuelles des différentes dépenses.

$$I_0 = \sum_{t=0}^{n} \frac{I_t}{(1 + R_p)^t}$$

B. Les flux de trésorerie d'exploitation des périodes intermédiaires (FTE)

Les flux retenus sont les flux de trésorerie dégagés par l'exploitation du projet, le calcul de la rentabilité devant se faire indépendamment du mode de financement.
Ils se calculent par l'une des deux formules suivantes :

$$\text{FTE} = \text{Excédent brut d'exploitation} - \text{IS d'exploitation} - \Delta\ \text{BFRE}$$

$$\text{FTE} = \text{Résultat net d'exploitation} + \text{DADP d'exploitation} - \Delta\ \text{BFRE}$$

avec IS, l'impôt sur les sociétés et DADP, les dotations aux amortissements, aux dépréciations et aux provisions.

Remarque. EBE = CA HT - charges variables - charges fixes
Résultat net d'exploitation = (EBE - DADP) × (1 - T)

Attention, lorsque le résultat d'exploitation est négatif sur une période, deux situations sont à distinguer :
- Si l'entreprise dégage par ailleurs des bénéfices supérieurs à la perte issue du projet, l'entreprise bénéficie l'année même d'une économie d'impôt égale au taux d'imposition multiplié par la perte.
- Si le projet est une création d'entreprise ou si les activités existantes de l'entreprise ne permettent pas de couvrir la perte résultant de l'exploitation du projet, le déficit doit être reporté sur les bénéfices ultérieurs de la société. L'économie d'impôt sera alors récupérée les années suivantes.

C. La valeur résiduelle ou flux de la période terminale

A la fin de la durée de vie du projet, l'ensemble des éléments de l'investissement sont supposés liquidés.
La valeur résiduelle est égale :
- aux valeurs de revente des différentes immobilisations, nettes de l'éventuel impôt sur les résultats de cession ;
- à la récupération du BFRE (liquidation des différents postes qui le composent).

4 Les cas particuliers

Les critères de sélection vus supra sont applicables pour la comparaison de projets lorsque leurs montants sont comparables et leurs durées de vie proches. Dans certains cas, il en va autrement.

A. Comparaison de projets de montant initial différent

La VAN mesure la richesse, en valeur absolue créée par l'investissement sans la rapporter au montant du capital investi lui-même.
L'indice de profitabilité, lui, permet d'estimer la rentabilité en valeur relative, c'est-à-dire la création de valeur pour un euro investi.

ex : *Soit deux projets A et B caractérisés par les flux suivants :*

Année	0	1	2	3	4
Flux A	- 1 500	350	500	800	1 000
Flux B	- 3 000	600	900	1 500	1 800

Le coût du capital pour les deux projets est estimé à 12 %.
$VAN_A = -1\,500 + 350 \times (1{,}12)^{-1} + 500 \times (1{,}12)^{-2} + 800 \times (1{,}12)^{-3} + 1\,000 \times (1{,}12)^{-4} = 416{,}04$
$VAN_B = -3\,000 + 600 \times (1{,}12)^{-1} + 900 \times (1{,}12)^{-2} + 1\,500 \times (1{,}12)^{-3} + 1\,800 \times (1{,}12)^{-4} = 464{,}80$

La VAN de B est supérieure à celle de A, mais le capital investi dans B représente aussi le double du capital investi dans A. Il serait donc pertinent de comparer la VAN de B à deux fois la VAN de A, soit à 832,08.

Calcul des indices de profitabilité :

$$IP_A = \frac{VAN_A}{I_{0A}} + 1 = \frac{416{,}04}{1\,500} + 1 = 1{,}278$$

$$IP_B = \frac{VAN_B}{I_{0B}} + 1 = \frac{464{,}80}{3\,000} + 1 = 1{,}16$$

Le projet A a un indice de profitabilité largement supérieur à celui de B. Si le budget est de 3 000, il vaudra mieux réaliser deux fois le projet A qu'une fois le projet B.

B. Comparaison de projets de durée de vie différente

Lorsque deux projets ont des durées de vie très différentes, le critère de la VAN n'est pas pertinent. Il faut calculer une VAN pour les deux investissements sur un horizon commun ou calculer l'annuité équivalente de chacun des deux projets.

1. La méthode de l'horizon commun

La méthode consiste à renouveler les projets afin de faire coïncider leur durée. L'horizon commun est la durée correspondant au plus petit commun multiple des durées des deux projets. Si un projet dure 2 ans et l'autre 5 ans, l'horizon commun sera de 10 ans. Le premier projet sera renouvelé cinq fois et le second deux fois.

ex : *Soit 2 projets dont les principales données sont résumées dans le tableau ci-après. Le coût du capital est de 11 %.*

Année	Durée	Investissement	Flux
Flux annuel A	2	2 000	1 500
Flux annuel B	5	2 500	900

La VAN classique de VAN B (826) est supérieure à celle de A (568).
Calcul de la VAN sur l'horizon commun : 10 ans.
Les flux relatifs aux deux projets sont donnés dans le tableau suivant :

Année	0	1	2	3	4	5
Flux A	- 2 000	1 500	- 2 000 + 1 500	1 500	- 2 000 + 1 500	1 500
Flux B	- 2 500	900	900	900	900	- 2 500 + 900
Année		**6**	**7**	**8**	**9**	**10**
Flux A		- 2 000 + 1 500	+ 1 500	- 2 000 + 1 500	+ 1 500	+ 1 500
Flux B		900	900	900	900	900

$$VAN^*_A = -2\,000 + \frac{1\,500}{1,11} - \frac{500}{1,11^2} + \frac{1\,500}{1,11^3} - \frac{500}{1,11^4} + \frac{1\,500}{1,11^5} - \frac{500}{1,11^6} + \frac{1\,500}{1,11^7} - \frac{500}{1,11^8} + \frac{1\,500}{1,11^9} + \frac{1\,500}{1,11^{10}} = 1\,956$$

$$VAN^*_B = -2\,500 + \frac{900}{1,11} + \frac{900}{1,11^2} + \frac{900}{1,11^3} + \frac{900}{1,11^4} - \frac{1\,600}{1,11^5} + \frac{900}{1,11^6} + \frac{900}{1,11^7} + \frac{900}{1,11^8} + \frac{900}{1,11^9} + \frac{900}{1,11^{10}} = 1\,316,68$$

C'est donc, selon ce critère, le projet A qui est à privilégier.

Remarque :

$$VAN^*_A = VAN_A + \frac{VAN_A}{1,11^2} + \frac{VAN_A}{1,11^4} + \frac{VAN_A}{1,11^6} + \frac{VAN_A}{1,11^8}$$

$$VAN^*_B = VAN_B + \frac{VAN_B}{1,11^5}$$

2. La méthode de l'annuité équivalente

La comparaison de deux projets de durée de vie différentes peut aussi se faire par le calcul de l'annuité équivalente (AEQ). Cette seconde méthode revient à considérer que les deux projets sont répliqués à l'identique, sur une période infinie. Le projet qui crée le plus de valeur est celui dont l'annuité moyenne est la plus élevée.

$$AEQ = VAN \times \frac{R_p}{1 - (1 + R_p)^{-n}}$$

ex : *En reprenant l'exemple précédent :*

$$VAN_A = 568 \rightarrow AEQ_A = 568 \times \frac{0,11}{1 - (1,11)^{-2}} = 331,67$$

$$VAN_B = 826,31 \rightarrow AEQ_B = 826,31 \times \frac{0,11}{1 - (1,11)^{-5}} = 223,57$$

C'est donc, selon ce critère, le projet A qui est à privilégier.

MÉMO 13 Les choix d'investissement (difficultés)

Pour pouvoir estimer la rentabilité d'un projet d'investissement, il est important d'évaluer le risque inhérent à ce dernier.

1 Le coût du capital du projet

La détermination du coût du capital est une étape essentielle dans l'évaluation de la rentabilité d'un projet. Un coût du capital sous-estimé peut, en effet, amener à réaliser des investissements dont la rentabilité est en fait négative.

Pour les projets d'investissement consistant à augmenter la capacité de production ou encore à remplacer une ancienne chaîne de production, on peut considérer que le risque d'exploitation du projet est très proche de celui de l'entreprise. Dans ce cas, le coût moyen pondéré du capital de l'entreprise est un bon estimateur du coût du capital du projet et peut être utilisé dans le calcul de la VAN, à condition que le mode de financement du projet ne modifie pas trop fortement la structure financière de l'entreprise.

À l'inverse, lorsque le projet correspond au lancement d'un produit nouveau ou d'une nouvelle activité, pour lequel l'incertitude est grande, il faut estimer un coût différent du coût moyen pondéré du capital afin de tenir compte du risque inhérent à la nouvelle activité envisagée. Le bêta de l'actif du projet est estimé à partir d'un échantillon d'entreprises cotées intervenant dans le même secteur d'activité. Le bêta de l'actif (β_a) d'une entreprise est ainsi obtenu en utilisant la formule suivante :

$$\beta_a = \frac{\beta_c + \beta_d \times \frac{V_{df}}{V_{cp}}}{1 + \frac{V_{df}}{V_{cp}}} = \beta_c \times \frac{V_{cp}}{VGE} + \beta_d \times \frac{V_{df}}{VGE}$$

où β_a représente le bêta de l'activité, β_c le bêta des actions de la société, β_d le bêta de la dette, V_{cp} la valeur de marché des capitaux propres et V_{df} la valeur de marché de la dette.

La moyenne des bêtas des actifs des sociétés de l'échantillon fournit un bêta moyen de l'activité concernée, qui permet ensuite de déterminer le bêta des capitaux propres du projet (β_c') :

$$\beta_c' = \beta_a + [\beta_a - \beta_d] \times V_{df}/V_{cp}$$

avec (V_{df}/V_{cp}), la structure de financement du projet.

Une fois le nouveau bêta des capitaux propres estimé (β_c'), le MEDAF permet de calculer le nouveau coût des fonds propres du projet, soit :

$$R_c' = R_f + \beta_c' \times PR_m.$$

Le coût du capital du projet (R_p) est enfin estimé en tenant compte de la structure financière du projet :

$$R_p = R'_c \times \frac{V_{cp}}{VGE} + R_d \times (1 - T) \times \frac{V_{df}}{VGE}$$

avec $VGE = V_{df} + V_{cp}$

2 L'analyse du risque du projet

L'estimation du risque relatif à un projet peut se faire par une analyse de sa sensibilité, par la mesure de son seuil de rentabilité, par l'estimation de la variance de sa VAN ou encore par l'application de la théorie des options réelles au projet d'investissement.
L'analyse de la sensibilité passe par la mesure de l'impact de la variation des différents paramètres influençant la VAN du projet par rapport à un scénario de base. Plus la VAN est sensible à une modification d'un paramètre (prix de vente, volume de production ...), plus le projet est risqué.
Le calcul du seuil de rentabilité d'un investissement renseigne aussi sur son niveau de risque. Le seuil de rentabilité est le chiffre d'affaires ou les quantités vendues qui permettent d'atteindre une VAN nulle. Plus le seuil de rentabilité est élevé, plus le risque d'exploitation est grand.

ex : *Une entreprise étudie un projet d'investissement consistant au lancement d'un produit nouveau dont le prix de vente serait de 330 €. Les charges variables s'élèvent à 30 % du prix de vente et les coûts fixes à 330 000 €. L'investissement initial s'élève à 1 800 000 €. La durée de vie du projet est de six ans, son coût du capital de 14 % et le taux d'imposition sur les bénéfices de 33 1/3 %.*
On note Q le seuil de rentabilité en quantités.

		N+1
	Ventes HT	330Q
-	Charges variables	99Q
-	Charges fixes	330 000
=	**Excédent Brut d'Exploitation (EBE)**	**231Q - 330 000**
-	DADP	- 300 000
=	**Résultat exploitation avant impôt**	231Q - 630 000
-	Impôt	77Q - 210 000
=	**Résultat exploitation après impôt**	154Q - 420 000
+	DADP	300 000
=	**ENE**	**154Q - 120 000**
ou		
	EBE	**231Q - 330 000**
-	Impôt	77Q - 210 000
=	**ENE**	**154Q - 120 000**

$$VAN = -1\,800\,000 + (154Q - 120\,000) \times \frac{1 - 1{,}14^{-6}}{0{,}14}$$

$$Q = \frac{1800000 \times \dfrac{0{,}14}{1 - 1{,}14^{-6}} + 120000}{154} = 3785.$$

L'approche espérance variance permet aussi d'intégrer le niveau de risque du projet au processus de décision.

1. Calcul de l'espérance de la VAN

$$E(VAN) = -I_0 + \frac{E(F_1)}{(1+R_p)} + \frac{E(F_2)}{(1+R_p)^2} + \ldots + \frac{E(F_n)}{(1+R_p)^n} = -I_0 + \sum_{t=1}^{n} \frac{E(F_t)}{(1+R_p)^t}$$

avec $E(F_t) = \sum_{i=1}^{m} Proba_i \times F_{i,t}$ où *m* est le nombre de valeurs possibles pour la variable $F_{i,t}$ et $Proba_i$ la probabilité que la variable F_t prenne la valeur $F_{i,t}$.

Remarque. Ne pas confondre l'espérance des flux et l'espérance de la VAN.

2. Calcul de la variance de la VAN si les flux sont dépendants dans le temps

L'étude de la variance permet de mesurer le risque associé au projet, afin de le comparer à son espérance de rentabilité.

$$Var(VAN) = \sum_{i=1}^{m} Proba_i \times (VAN_i - E(VAN))^2 = \sum_{i=1}^{m} Proba_i \times VAN_i^2 - [E(VAN)]^2$$

3. Calcul de la variance de la VAN si les flux sont indépendants dans le temps

$$VAR\,(VAN) = \sum_{t=1}^{n} \frac{VAR\,(F_t)}{(1+R_p)^{2t}}$$

ex : *La distribution des flux de trésorerie (en K €) relatifs à un projet est la suivante :*

Année 1		Année 2		Année 3	
F1	Probabilités	F2	Probabilités	F3	Probabilités
100	0,1	200	0,2	150	0,5
150	0,2	250	0,5	250	0,2
300	0,5	350	0,2	300	0,1
400	0,2	450	0,1	400	0,2

Le montant de l'investissement est de 500 K €. Le taux d'actualisation à retenir est de 10 %. On suppose que les flux sont indépendants dans le temps.

$$E(F_1) = \sum_{i=1}^{4} Proba_{i,1} \times F_{i,1}$$

$$E(F_1) = 0{,}1 \times 100 + 0{,}2 \times 150 + 0{,}5 \times 300 + 0{,}2 \times 400 = 270$$

$$E(F_2) = \sum_{i=1}^{4} Proba_{i,2} \times F_{i,2} = 280$$

$$E(F_3) = \sum_{i=1}^{4} Proba_{i,3} \times F_{i,3} = 235$$

$$E(VAN) = -I_0 + \frac{E(F_1)}{1{,}1} + \frac{E(F_2)}{1{,}1^2} + \frac{E(F_3)}{1{,}1^3} = -500 + \frac{270}{1{,}1} + \frac{280}{1{,}1^2} + \frac{235}{1{,}1^3} = 153{,}42$$

$$VAR(F_1) = \sum_{i=1}^{4} Proba_{i,1} \times F_{i,1}^2 - [E(F_1)]^2$$

$$VAR(F_1) = 0{,}1 \times 100^2 + 0{,}2 \times 150^2 + 0{,}5 \times 300^2 + 0{,}2 \times 400^2 - 270^2 = 9\,600$$

$$VAR(F_2) = \sum_{i=1}^{4} Proba_{i,2} \times F_{i,2}^2 - (E(F_2))^2 = 5\,600$$

$$VAR(F_3) = \sum_{i=1}^{4} Proba_{i,3} \times F_{i,3}^2 - (E(F_3))^2 = 9\,525$$

$$VAR = \frac{VAR(F_1)}{1{,}1^2} + \frac{VAR(F_2)}{1{,}1^4} + \frac{VAR(F_3)}{1{,}1^6} = \frac{9\,600}{1{,}1^2} + \frac{5\,600}{1{,}1^4} + \frac{9\,525}{1{,}1^6} = 17\,135{,}37$$

La flexibilité d'un projet peut enfin être valorisée par l'application de la théorie des options réelles (cf. fiche 16).

4. Arbitrage entre projets concurrents

L'objectif recherché est de maximiser l'espérance de la VAN et de minimiser la variance de la VAN. Le calcul de l'espérance et de la variance de la VAN peut être complété par celui du coefficient de variation, qui est le rapport entre l'écart-type des VAN et l'espérance de VAN. Lorsque plusieurs projets sont en compétition, c'est celui qui a le coefficient de variation le plus faible qui sera préféré.

MÉMO

14 Les modes de financement

L'entreprise peut choisir entre deux grandes sources de financement que sont les fonds propres et les dettes. Tandis que les dettes doivent être remboursées, les capitaux propres restent à la disposition de l'entreprise pour une période indéterminée. La rémunération des dettes est connue à l'avance et contractuelle alors que celle des fonds propres (versement de dividendes et mises en réserves) est aléatoire car dépendante du résultat de l'entreprise.
Ceci conduit à se demander si la structure du capital (répartition des modes de financement entre capitaux propres et endettement) a un impact sur la valeur de l'entreprise et sur son coût moyen pondéré du capital.

1 Les différents modes de financement

A. Le financement par fonds propres internes : l'autofinancement

Les fonds propres d'origine interne résultent de l'accumulation des flux dégagés par l'entreprise grâce à ses activités courantes et après distribution du dividende :

Autofinancement = CAF - Dividendes versés au cours de l'exercice

Calcul de la CAF :

Méthode soustractive	Méthode additive
EBE + Autres produits d'exploitation [1] - Autres charges d'exploitation [2] + Transfert de charges ± Quotes-parts du résultat sur opérations faites en commun + Produits financiers [1] - Charges financières [2] + Produits exceptionnels [1 3] - Charges exceptionnelles [2 4] - Participation des salariés - Impôts sur le bénéfice. = **CAF**	**Résultat net** + Dotations aux amortissements, aux dépréciations et aux provisions - Reprises sur amortissement, dépréciations et provisions + Valeur nette comptable des éléments d'actif cédés - Produits de cession des immobilisations - Quote-part de la subvention d'investissement virée au résultat = **CAF**

(1) Sauf les reprises sur provisions et dépréciations.
(2) Sauf les dotations aux amortissements, aux dépréciations et aux provisions.
(3) Sauf les produits de cessions des immobilisations et la quote-part des subventions d'investissement versée au résultat.
(4) Sauf la valeur nette comptable des éléments d'actifs cédés.

L'autofinancement est un moyen de financement privilégié par les dirigeants car il leur assure une certaine flexibilité dans la gestion de l'entreprise. En effet, son utilisation ne nécessite aucun accord préalable (des actionnaires ou des banquiers). Il conduit aussi à augmenter la valeur des capitaux propres de l'entreprise, et donc la valeur de l'action, permettant ainsi aux actionnaires de réaliser une plus-value en cas de revente de leurs titres. L'autofinancement, en renforçant la trésorerie, permet enfin de diminuer le risque de la dette.

B. Le financement par fonds propres externes : l'augmentation de capital

Seule l'augmentation de capital en numéraire assure une nouvelle source de financement à l'entreprise. Elle peut se faire avec ou sans droit préférentiel de souscription (DPS).

1. L'augmentation de capital avec droit préférentiel de souscription

Dans le cas d'une émission d'actions avec droit préférentiel de souscription, la valeur théorique de l'action après augmentation de capital (C*) est définie par :

$$C^* = \frac{NC + nE}{N + n}$$

avec C, le cours de l'action avant l'augmentation de capital, N le nombre d'actions avant, E le prix d'émission et *n* le nombre de titres émis. C* est la moyenne pondérée de C et de E.
Pour compenser la perte de richesse des actionnaires anciens, ces derniers se voient attribuer des droits préférentiels de souscription (DPS).
La valeur théorique du droit préférentiel de souscription est égale à la baisse mécanique du cours de l'action :

$$\mathbf{DPS = C - C^*}$$

Remarque. Il y a autant de DPS que d'actions anciennes.

2. L'augmentation de capital sans droit préférentiel de souscription

Lorsque le prix d'émission est proche de la valeur de l'action avant l'augmentation, l'émission se fait sans droit. Dans ce cas de figure, le cours de l'action après l'opération sera peu éloigné du cours du titre avant et la perte de richesse des actionnaires négligeable. Les actionnaires anciens bénéficient alors d'un droit de priorité pour la souscription des actions nouvelles.

3. L'augmentation de capital et la théorie du signal

Les augmentations de capital sont souvent perçues comme un signal négatif par le marché car synonyme d'une surévaluation des actions. En effet, les dirigeants choisiraient les périodes où l'action est surévaluée pour procéder à une augmentation de capital et pouvoir ainsi bénéficier d'un prix d'émission plus élevé et lever un maximum de fonds. De plus, à la différence de l'emprunt, l'augmentation de capital ne constitue pas un outil de discipline des dirigeants. Alors qu'une augmentation des emprunts entraîne une hausse des intérêts à verser, l'augmentation de capital n'est pas forcément synonyme d'une majoration des dividendes versés. Or, en entraînant une sortie de flux supplémentaire, le financement par dettes impose une gestion plus rigoureuse de la part des dirigeants.

C. L'introduction en Bourse

L'introduction d'une société en Bourse permet :
- la levée de fonds pour des montants très élevés ;

- la diversification de son actionnariat ;
- une meilleure liquidité des titres de la société permettant aux actionnaires de céder plus facilement leurs titres et de diversifier leur portefeuille ;
- une plus grande notoriété de l'entreprise (et de son dirigeant).

Cette opération entraîne cependant des coûts liés à l'introduction (montage juridique...) et de cotation (double commissariat aux comptes, publication d'un rapport annuel ...) élevés. Par ailleurs, des obligations en termes de publication d'information sont à respecter.

Préalablement à leur première cotation, la souscription des actions est réalisée dans le cadre d'une offre globale comportant un placement global et une offre à prix ouvert :

- **le placement global** représente la part de l'offre d'actions destinée principalement aux investisseurs institutionnels, en France et à l'international ;
- **l'offre à prix ouvert (OPO)** est la part de l'offre d'actions destinée au grand public. Dans une OPO, les ordres de souscription des particuliers ne portent pas d'information sur le prix, d'où le terme d'offre à prix ouvert. Ils sont formulés dans le cadre d'une fourchette de prix.

D. Le capital-investissement ou private equity

Le placement privé peut se faire au travers du **capital-investissement**. Il consiste à faire entrer dans le capital de nouveaux investisseurs dont c'est la spécialité. On parle alors de capital-investisseurs, et les fonds apportés serviront à assurer le financement du démarrage, de la croissance ou de la transmission de l'entreprise concernée. Plus qu'un simple mode de financement, le capital-investissement peut aussi procurer à l'entreprise des conseils et des soutiens divers.

Les investisseurs en capital-investissement peuvent être des sociétés spécialisées, publiques ou privées, ou des personnes physiques fortunées (on parle alors de *business angels*). Dans quelques cas, il peut s'agir de grandes entreprises qui accompagnent leurs salariés ou ex-salariés dans le financement de leur projet entrepreneurial. On parle alors d'essaimage. Ces capital-investisseurs se distinguent des investisseurs classiques sur plusieurs points :

- leur activité consiste à réaliser ce type d'opérations ;
- leur présence dans le capital est temporaire. Ils ont vocation à en sortir au bout de quelques années (3-7 ans) afin de réaliser une plus-value ;
- ils ne cherchent pas à diriger l'entreprise, bien qu'ils soient généralement membres de son conseil d'administration. Leur intervention se limite aux décisions stratégiques.

Le capital-investissement concerne toutes les activités d'apports de fonds propres à des sociétés non cotées, et peut prendre quatre formes d'interventions.

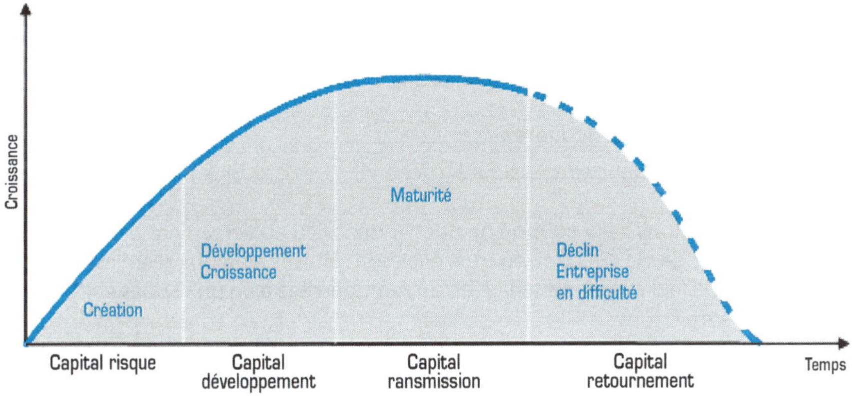

Le recours au capital-investissement s'explique par le fait que les sociétés concernées, trop récentes et/ou dont l'activité est trop risquée, n'ont pas accès au financement bancaire, les banques préférant prêter des fonds en minimisant les risques qu'elles prennent. Ces sociétés ne peuvent également pas se financer sur le marché obligataire car, compte tenu de leur niveau de risque, elles devraient offrir pour rémunérer les investisseurs, un taux d'intérêt particulièrement élevé. La seule solution qui leur reste, pour rémunérer les investisseurs potentiels à hauteur du risque qu'ils prennent, est donc de les faire entrer dans leur capital, avec la perspective qu'ils réalisent une plus-value lors de la cession ultérieure des titres. Cette perspective de plus-value est d'autant plus centrale dans le financement par capital-investissement que les sociétés concernées ne distribuent pas de dividendes.
Cette cession ultérieure peut se faire par une revente des titres à l'entrepreneur, par une introduction en Bourse sur Euronext ou Euronext Growth ou encore par une cession à un autre investisseur, industriel ou financier.

E. L'emprunt

On distingue l'emprunt indivis (où il y a un seul prêteur) de l'emprunt obligataire (multitude de prêteurs). Les emprunts indivis sont essentiellement proposés par les établissements financiers.

1. L'emprunt obligataire

L'emprunt obligataire peut être émis auprès du public dans le cadre d'une émission sur le marché ou faire l'objet d'un placement privé (auprès d'investisseurs identifiés en amont). Les montants pouvant être levés sont, en général, plus importants que ceux des emprunts indivis, ce qui est rendu possible du fait de la multitude de prêteurs.

Les emprunts obligataires (voir fiche 4) peuvent présenter une liquidité que n'ont pas les emprunts indivis car ils peuvent faire l'objet d'une cotation.

Remarque. Pour pouvoir émettre un emprunt obligataire, l'entreprise doit avoir plus de deux ans d'existence, avoir publié deux bilans approuvés par les actionnaires, avoir libéré la totalité de son capital et avoir publié une notice d'information visée par l'AMF (Autorité des Marchés Financiers) si elle fait appel public à l'épargne.

2. Les obligations particulières

À côté des obligations classiques (fiche 4), il existe une multitude d'obligations particulières :

- Les **obligations zéro coupon** ne donnent pas lieu au versement d'intérêts pendant leur durée de vie. En contrepartie, elles sont émises à un prix d'émission largement inférieur à leur valeur nominale et/ou remboursées à un prix supérieur à leur valeur nominale ;
- Les **obligations à bons de souscription d'actions ou d'obligations (OBSA et OBSO)** donnent le droit à leur détenteur de souscrire à des actions ou des obligations selon une parité et un prix de souscription fixés dès l'émission de l'emprunt. Leur rendement est, en général, inférieur à celui des obligations classiques, le bon permettant à son détenteur de réaliser une éventuelle plus-value en cas d'évolution favorable du cours de l'action ou de l'obligation ;
- Les **obligations à bons de souscription d'action remboursables (OBSAR)** comportent des bons avec une clause de remboursement par laquelle la société peut s'engager à rembourser chaque bon à un prix proche de sa valeur d'origine s'il n'est pas exercé ;
- Les **obligations convertibles en actions (OCA)** peuvent être converties au gré de leur détenteur en actions de la société émettrice, selon une parité définie dès l'émission de l'emprunt. L'obligataire a intérêt à convertir ses obligations en actions, lorsque la prime de conversion est négative :

Prime de conversion = Cours (OCA) - valeur de conversion

Valeur de conversion = parité × cours de l'action

La valeur du droit de conversion peut être estimée à partir du cours de l'OCA et de sa valeur nue (valeur de l'obligation classique correspondante) :

Valeur du droit de conversion = Cours (OCA) - valeur nue

$$\text{Valeur nue} = \sum_{t=1}^{n} \frac{VN \times i}{(1+R_d)^{t-1+j}} + \frac{PR}{(1+R_d)^{n-1+j}}$$

où j représente la fraction d'année séparant la date à laquelle est estimée l'obligation de la date de détachement du prochain coupon, n est le nombre de coupons restant à payer et R_d, le rendement attendu des obligations de même classe de risque.

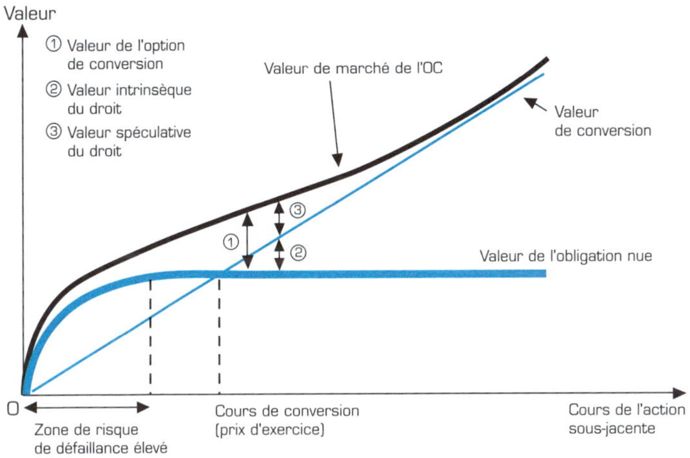

▲ Valeur de l'obligation nue, valeur de conversion et valeur de l'obligation convertible

3. L'euro PP

Le placement obligataire privé en euro permet aux **entreprises de taille intermédiaire** (ETI) n'ayant pas accès au marché obligataire, de se financer à moyen ou long terme. L'Euro PP leur permet de recevoir des fonds au travers d'une émission obligataire ou d'un prêt souscrit auprès d'un ou plusieurs investisseurs, généralement institutionnels (compagnie d'assurances, mutuelle, banque…). La durée moyenne des emprunts se situe entre 3 et 7 ans et les montants moyens levés entre 10 et 20 millions d'euros. Ils peuvent faire l'objet d'une cotation ou non.

Une banque est généralement mandatée afin de jouer le rôle d'arrangeur. Sur la base d'un contrat type définissant les modalités du prêt, elle va rechercher des investisseurs susceptibles d'être intéressés par ce type de produits.

Pour l'ETI, ce mode de financement présente l'avantage d'être complémentaire au financement bancaire classique, et ainsi de diversifier ses sources de financement. Les obligations et les formalités d'émissions sont simplifiées, plus rapides et moins onéreuses que celles d'un emprunt obligataire admis à la cote.

Pour l'investisseur, il constitue un nouvel outil de placement à un taux attractif, le nombre de prêteurs étant limité, ces derniers sont en position de négocier les termes du contrat, notamment le taux d'intérêt qu'il procure, relativement élevé comparativement aux autres obligations. Le niveau de risque est, par ailleurs, relativement limité car les arrangeurs réalisent un travail d'analyse en amont, ce qui limite le risque de défaillance de l'émetteur.

F. Le crédit-bail

Le crédit-bail est une location assortie d'une option d'achat en fin de contrat, à un prix fixé à l'avance, portant sur un bien meuble ou immeuble. D'un point de vue financier, il s'analyse comme un emprunt.

Les avantages du crédit-bail sont qu'il permet de financer 100 % de la valeur du bien et qu'il est obtenu facilement et rapidement. En contrepartie, son coût est relativement élevé et sa facilité d'obtention peut conduire certaines entreprises à réaliser des investissements non rentables.

Le taux actuariel brut du crédit-bail (R_d) est le taux qui égalise la valeur du bien (M) et la somme actualisée des flux relatif au crédit-bail (loyers et option d'achat). Dans le calcul, il faut tenir compte du fait que d'un point de vue juridique, l'entreprise n'est pas propriétaire du bien et qu'elle perd donc l'opportunité de déduire les dotations aux amortissements (DADP) de son résultat fiscal :

$$M - \sum_{t=1}^{n} \frac{Loyer_t \times (1 - T) + DADP_t \times T}{(1 + R_d)^t} - \frac{OA_n}{(1 + R_d)^n} + \frac{OA_n \times T}{(1 + R_d)^{n+1}} = 0$$

Remarque. Dans l'équation précédente, il n'est pas tenu compte du fait que si le loyer est versé en début d'année, il faut décaler d'un an l'économie d'impôt qui y est associée (voir exemple ci-après). L'option d'achat (OA) est amortie ici sur une année.

ex : *Une société envisage d'acquérir un matériel dont le coût s'élève à 630 000 € HT (amortissement linéaire sur 5 ans). Elle peut emprunter ce montant à un taux d'intérêt de 12 % (annuités constantes sur 5 ans) ou se financer par crédit-bail avec cinq redevances de 180 000 € HT payables en début de période. L'option d'achat à la fin de la quatrième année (n+4) se monte à 30 000 €. Si l'entreprise l'exerce, la durée de vie résiduelle du bien est d'un an. Le taux d'imposition est de 33 1/3 %.*

Pour calculer le taux actuariel brut du crédit-bail (coût réel), il faut calculer les flux décaissés à chaque période.

Périodes	0	1	2	3	4	5
Loyer	180 000	180 000	180 000	180 000	180 000	
- économie d'IS sur loyer		- 60 000	- 60 000	- 60 000	- 60 000	- 60 000
+ perte économie IS sur DADP		42 000	42 000	42 000	42 000	42 000
+ option d'achat					30 000	
- économie IS sur DADP de l'option						- 10 000
Flux	180 000	162 000	162 000	162 000	192 000	- 28 000

$$630\,000 = 180\,000 + \frac{162\,000}{(1 + TAB)} + \frac{162\,000}{(1 + TAB)^2} + \frac{162\,000}{(1 + TAB)^3} + \frac{192\,000}{(1 + TAB)^4} + \frac{-28\,000}{(1 + TAB)^5}$$

Soit TAB = 16,73 %.

Le coût réel de l'emprunt correspond au taux d'intérêt net d'impôt soit :

$$i' = i \times (1 - T) = 12\,\% \times \frac{2}{3} = 8\,\%$$

L'emprunt est ici plus intéressant que le crédit-bail en termes de coût.

G. Les modes de financement publics

1. La banque publique d'investissement (Bpifrance)

La **Banque publique d'investissement** (Bpifrance), filiale de la Caisse des dépôts, soutient essentiellement le financement des PME et ETI et ce, de la phase d'amorçage jusqu'à l'introduction en Bourse. Elle propose des prêts mais aussi des apports en fonds propres. Elle résulte de la fusion d'Oséo, de CDC Entreprises, du Fonds stratégique d'investissement (FSI) et de FSI Régions.
Ses services couvrent différents domaines :
- financement de la croissance et de l'innovation ;
- couverture des besoins de trésorerie ;
- développement à l'international ;
- accompagnement de la transmission d'entreprise.

2. Les subventions d'investissement

Une **subvention d'investissement** est une aide financière versée de façon définitive à une entreprise, par une institution publique (généralement une collectivité territoriale). Cette subvention sert à financer des investissements, qui peuvent être des immobilisations (on parle alors de subvention d'équipement) ou des activités à long terme. Elle ne peut financer des dépenses d'exploitation.
Elle est un outil de politique publique et a vocation à soutenir et orienter l'investissement des entreprises. Pour obtenir des subventions, les entreprises doivent renseigner un dossier et l'adresser au service public concerné. Elles doivent donc bien analyser les attentes des différents organismes financeurs, qu'il s'agisse des régions, de l'État ou encore des différents organismes intervenant dans les domaines concernés (innovation, développement durable...). Le dossier comprend généralement une présentation de l'entreprise, la justification de la demande et le plan de financement du projet d'investissement.

3. Les aides financières publiques

Des **aides financières** peuvent être attribuées aux entreprises en fonction de la nature de leurs projets d'investissement. Cependant, le versement de ces aides est conditionné à la viabilité et à la rentabilité des projets présentés. Dans la majorité des cas, les aides sont définitivement acquises même si parfois, en cas d'échec, le remboursement d'une partie des aides peut être demandé.

4. Les crédits d'impôt

Deux dispositifs fiscaux existent afin de favoriser la recherche et développement au sein des entreprises, le Crédit d'impôt recherche (CIR) et le Crédit impôt innovation.
Le **Crédit impôt recherche (CIR)**, dispositif créé par la loi de finance de 1983, permet une réduction d'impôt sur la base des dépenses de recherche et développement réalisées par l'entreprise. Le taux du crédit d'impôt recherche est de :

- 30 % pour les dépenses de recherche jusqu'à 100 millions d'euros (50 % dans les départements d'outre-mer et en Corse) ;
- 5 % au-delà.

Le **crédit impôt innovation (CII)** est uniquement accessible aux PME qui peuvent bénéficier d'un crédit d'impôt de 20 % des dépenses nécessaires à la conception et/ou à la réalisation de prototypes ou d'installations pilotes d'un produit nouveau. L'assiette est plafonnée à 400 000 € par an et par entreprise.

2 L'impact de la structure financière sur la valeur de l'entreprise

La répartition des modes de financement entre les capitaux propres et les dettes définit ce que l'on appelle la structure du capital ou structure financière de l'entreprise.
La valeur globale de l'entreprise (VGE) est égale à la somme de :

- la valeur de marché des capitaux propres (V_{cp}), qui représente la richesse des actionnaires ;
- la valeur de marché des dettes financières (V_{df}).

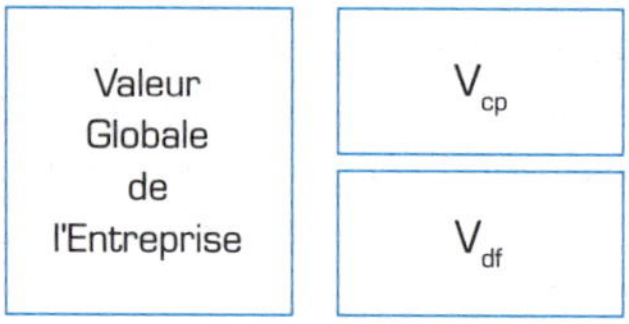

▲ **Bilan économique en valeurs de marché**

Il est donc pertinent de se demander si la structure financière a un impact sur la valeur globale de l'entreprise (VGE) et, dans l'affirmative, s'il existe un ratio V_{df}/V_{cp} qui permettrait de maximiser cette valeur en minimisant le coût du capital.

A. La neutralité de la politique de financement dans un monde parfait

Le marché de capitaux est parfait s'il n'y a :

- ni fiscalité ;
- ni frais de transaction ;
- ni asymétrie d'information ;
- ni conflits d'intérêts entre les actionnaires et les dirigeants.

Les flux de trésorerie dégagés par l'entreprise (flux de trésorerie disponibles) et rémunérant les apporteurs de fonds sont égaux à :

FTD = Résultat d'exploitation
+ DADP d'exploitation
- Variation du BFRE
- Investissements de l'exercice.

Ces FTD sont indépendants de la structure financière car ils n'intègrent pas les charges d'intérêt.

Dans ce cadre d'hypothèses, la structure du capital est donc sans influence sur la valeur globale de l'entreprise car la VGE d'une entreprise endettée (VGE_e) est identique à celle d'une entreprise non endettée (VGE_{ne}) :

$$VGE_e = VGE_{ne}$$

$$V_{cp\text{-}e} + V_{df\text{-}e} = V_{cp\text{-}ne}$$

Toujours dans ce cadre d'hypothèses, la rentabilité exigée par les actionnaires sera une fonction croissante du niveau d'endettement :

$$R_c = R_a + (R_a - R_d)\frac{V_{df}}{V_{cp}}$$

avec R_c la rentabilité attendue des fonds propres, R_a celle attendue des actifs, R_d le coût de la dette, V_{df} et V_{cp} les valeurs de marché des dettes financières et des fonds propres.

Si R_a et R_d sont constants :

$$R_a = R_c \times \frac{V_{cp}}{VGE} + R_d \times \frac{V_{df}}{VGE}$$

Le coût du capital est indépendant de la structure financière. Lorsque la part des dettes augmente, le taux de rendement exigé sur les capitaux propres augmente de telle façon que cette hausse compense la baisse du coût du capital consécutive au recours à l'endettement.

ex : *Soit une entreprise se finançant pour 3/5 par capitaux propres et 2/5 par dettes. Son coût du capital (R_a) est de 12 % et le coût de ses dettes (R_d) de 6 %. Son coût des fonds propres (R_c) est donc de :*

$$R_c = R_a + (R_a - R_d) \times \frac{V_{df}}{V_{cp}} = 12\,\% + (12\,\% - 6\,\%) \times \frac{2/5}{3/5} = 12\,\% + 6\,\% \times \frac{2}{3} = 16\,\%$$

Son coût moyen pondéré du capital est bien de :

$$R_a = R_c \times \frac{V_{cp}}{VGE} + R_d \times \frac{V_{df}}{VGE} = 16\,\% \times \frac{3}{5} + 6\,\% \times \frac{2}{5} = 12\,\%$$

Si l'entreprise augmente la part de ses dettes à 50 %, la rentabilité exigée par ses actionnaires (R_c) va aussi augmenter :

$$R_c = R_a + (R_a - R_d)\frac{V_{df}}{V_{cp}} = 12\,\% + (12\,\% - 6\,\%) \times \frac{1/2}{1/2} = 12\,\% + 6\,\% = 18\,\%$$

Le coût du capital ne sera pas affecté par le changement de structure financière :

$$R_a = R_c \times \frac{V_{cp}}{VGE} + R_d \times \frac{V_{df}}{VGE} = 18\,\% \times \frac{1}{2} + 6\,\% \times \frac{1}{2} = 12\,\%$$

B. La prise en compte de la fiscalité

Une des limites de la thèse de la neutralité est la non prise en compte de la fiscalité. En effet, les charges d'intérêts (rémunération des dettes) sont fiscalement déductibles tandis que les dividendes distribués (rémunération des capitaux propres) ne le sont pas. Dès lors, la valeur de l'entreprise endettée (VGE_e) est égale à la valeur de l'entreprise non endettée majorée de la valeur actuelle des économies d'impôt réalisées grâce à la déductibilité des intérêts (VEI) :

$$VGE_e = VGE_{ne} + VEI$$

avec $VEI = (T \times R_d \times V_{df})/R_d = T \times V_{df}$ lorsque le montant des dettes est fixe dans le temps.

La valeur globale est ainsi une fonction croissance du niveau d'endettement. Mais il ne faut pas en déduire qu'un endettement illimité conduirait à maximiser la valeur de l'entreprise. Lorsque le montant des dettes augmente, le risque de défaillance augmente également et le taux de rendement requis par les prêteurs (R_d) croît lui aussi.

C. Les coûts de faillite

Le risque de faillite (probabilité que l'entreprise ne puisse pas honorer le remboursement de sa dette) est d'autant plus important que le niveau d'endettement de l'entreprise est grand. La procédure de faillite entraîne des coûts (avocats, perte de valeur des actifs…) qui contribuent à faire chuter la valeur de l'entreprise en cas de liquidation. La valeur des coûts de faillite (VCF) est ainsi une fonction croissante de l'endettement. La valeur globale de l'entreprise devient donc :

$$VGE_e = VGE_{ne} + VEI - VCF$$

L'avantage fiscal retiré du recours à la dette est donc compensé par ces coûts de faillite.

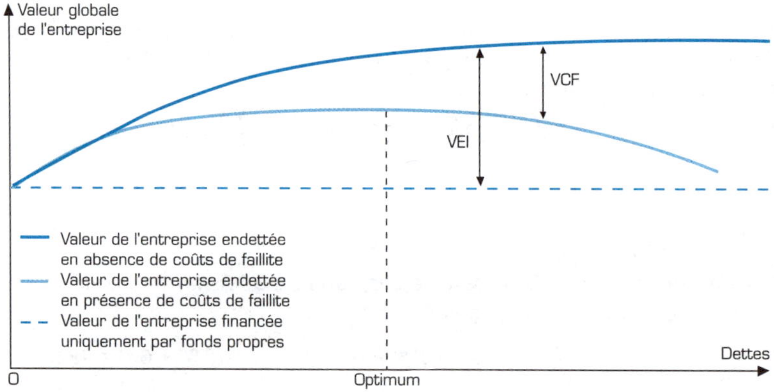

▲ **Structure financière optimale et incidences de l'endettement**

Selon la théorie du compromis, il existe une structure financière qui maximise la valeur de l'entreprise. Cette structure serait propre à chaque entreprise. À l'optimum, la valeur actuelle des économies d'impôt due à un euro supplémentaire de dettes est tout juste compensée par une augmentation de la valeur des coûts de faillite.

D. Les coûts d'agence

À partir du moment où le dirigeant n'est pas le seul actionnaire de l'entreprise, il existe un risque de conflit d'intérêts. Le dirigeant peut agir dans son propre intérêt plutôt que de rechercher à maximiser la richesse des actionnaires. Afin de limiter les comportements déviants du dirigeant, les actionnaires peuvent mettre en place un système de surveillance (commissariat aux comptes par exemple) qui entraînera des coûts de contrôle (*monitoring*). En parallèle de ces systèmes, l'endettement est un moyen disciplinaire qui incite le dirigeant à prendre des décisions allant dans le sens des actionnaires. Il permet de diminuer les coûts d'agence et a donc un impact positif sur la valeur de l'entreprise.
À l'inverse, l'augmentation du niveau d'endettement contribue à augmenter les coûts d'agence des créanciers. En effet, afin de limiter le risque de faillite de l'entreprise, les prêteurs peuvent prévoir des clauses d'endettement qui limitent la liberté du dirigeant. Ces mécanismes entraînent des coûts d'agences qui seront d'autant plus élevés que les dettes seront importantes.

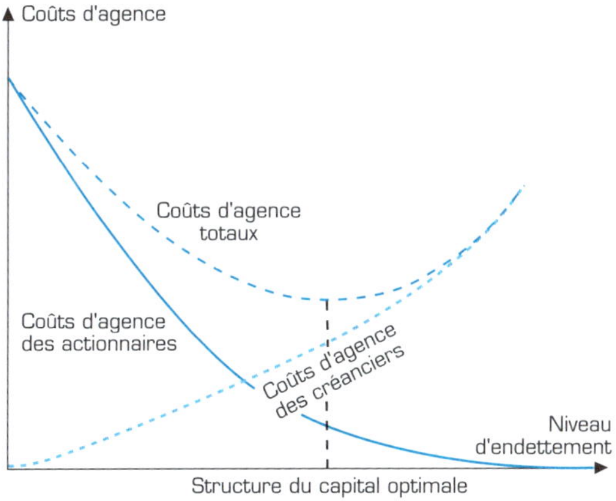

MÉMO 15 La couverture du risque de change

Les taux de change entre les différentes monnaies évoluant dans le temps, toute société réalisant des opérations commerciales ou financières dans une autre devise que sa monnaie nationale est exposée au risque de change.
Après avoir estimé son exposition au risque de change (courte ou longue), le trésorier doit mettre en place une stratégie de couverture pour limiter, voire supprimer ce risque. Une couverture interne permettant dans un premier temps de réduire l'exposition au risque peut être complétée au besoin par une couverture externe sur les marchés organisés ou sur les marchés de gré à gré.

1 Les techniques de couverture interne

A. Le choix des devises

En choisissant de réaliser toutes ses opérations dans sa monnaie nationale, l'entreprise transfère la totalité du risque de change sur ses partenaires. Il est aussi possible d'opter pour une devise dont on anticipe une évolution favorable : les ventes seront libellées en monnaie forte (devise dont on attend une hausse des cours) tandis que les achats seront réalisés en monnaie faible (monnaie dont on anticipe une chute du cours).

B. L'indexation monétaire

Le contrat peut prévoir une clause d'indexation des prix de vente et d'achat sur l'évolution des taux de change.

ex : *Un importateur américain achète une immobilisation d'une valeur de 50 000 euros sur la base de USD 1 = 0,6352 EUR, avec une clause d'adaptation des prix proportionnelle à la fluctuation des taux de change.*
- *Si le cours du dollar diminue à USD 1 = 0,62 EUR, le prix d'achat libellé en euros va diminuer et passer à 50 000 × (0,62/0,6352) = 48 803,53 euros.*
- *Si le cours du dollar augmente jusqu'à USD 1 = 0,64 EUR, le prix en euros va augmenter et passer à 50 000 × (0,64/0,6352) = 50 377,83 euros.*

Le montant décaissé par l'importateur américain exprimé en dollars est constant :
- *s'il paie comptant : 50 000/0,6352 = 78 715,37 dollars.*
- *si USD 1 = 0,62 EUR, il décaisse 48 803,53/0,62 = 78 715,37 dollars.*
- *si USD 1 = 0,64 EUR, il règle 50 377,83/0,64 = 78 715,37 dollars.*

C. Le termaillage *(Leading and lagging)*

En fonction de l'anticipation de l'évolution des taux de change, les délais de paiements des fournisseurs et de règlements des clients seront réajustés.

	En monnaie forte	En monnaie faible
Créances	Encaissement retardé	Encaissement avancé
Dettes	Décaissement avancé	Décaissement retardé

D. Le *netting*

La mise en place d'un centre de compensation permet de limiter les transferts de fonds entre les filiales d'un même groupe, et seuls les soldes font l'objet d'un versement.

ex : *Les dettes liant les trois filiales d'un même groupe sont représentées sur le schéma suivant :*

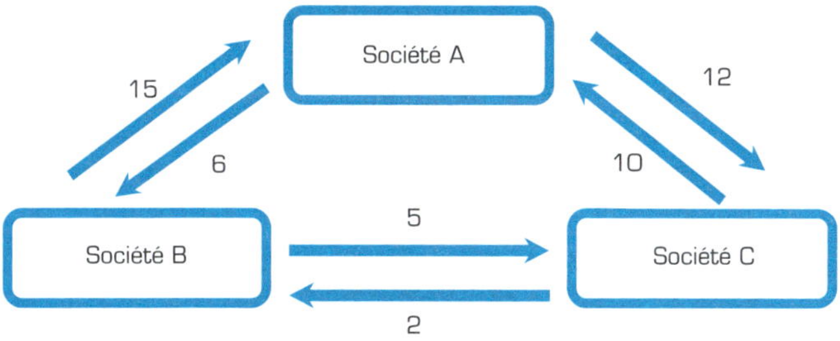

Après compensation bilatérale, les flux résiduels sont les suivants :

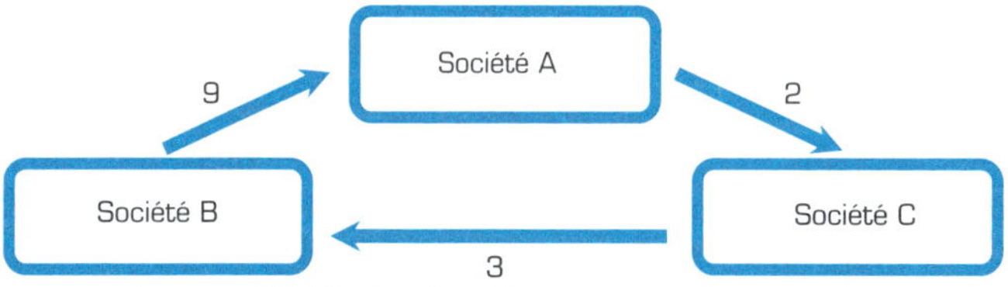

Après compensation multilatérale, les flux reçus et reversés par le centre de compensation sont :

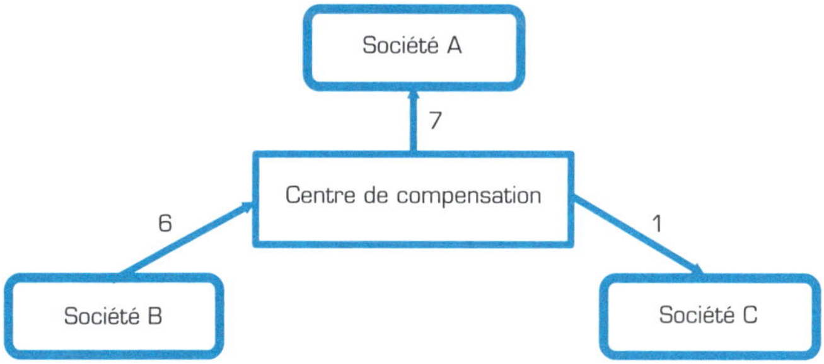

E. Le centre de refacturation

La compensation s'étend ici aux transferts de fonds en dehors du groupe. Les créances clients sont directement réglées et les dettes fournisseurs payées par le centre de compensation. La totalité du risque de change est transférée sur le centre de facturation.

F. Le centre de trésorerie ou *cash pooling*

La mise en place d'un centre de trésorerie permet la centralisation, la plus étendue possible, pour l'ensemble des filiales d'un même groupe. Grâce à la réunion des trésoreries des filiales, les conditions bancaires obtenues sont ainsi plus intéressantes.

G. La diversification monétaire

La diversification consiste à centraliser des opérations réalisées dans une multitude de devises afin de diminuer les effets des fluctuations de taux de change sur la valeur globale de l'entreprise. Une appréciation d'une certaine devise pouvant être compensée par la dépréciation d'une autre monnaie. La centralisation permet la compensation partielle des gains et des pertes de change et seul le solde reste à couvrir.

2 Les techniques de couverture externe

A. Le recours au marché monétaire

La couverture se traduit par la réalisation d'un prêt ou d'un placement dans la devise, accompagnée d'une opération symétrique dans la monnaie nationale.

ex : *Un importateur italien doit régler une facture de 30 000 dollars dans trois mois et craint une hausse du cours du dollar. Le taux de change au comptant est de USD 1 = 0,6352 EUR. Le taux d'intérêt sur l'euribor à trois mois, exprimé en taux annuel, est de 4,75 %. Le taux d'intérêt à trois mois sur le marché américain est de 2,7275 %.*
Le trésorier de l'entreprise italienne va placer aujourd'hui la valeur actuelle de 30 000 dollars sur le marché américain soit 30 000/(1 + 2,7275 % × 3/12) = 29 796,83 dollars.
Il les obtient pour 29 796,83 × 0,6352 = 18 926,95 euros qu'il emprunte aujourd'hui sur le marché européen. Le remboursement de son emprunt dans trois mois lui coûtera 18 926,95 × (1 + 4,75 % × 3/12) = 19 151,71 euros.
Le produit de son placement en dollars lui permettra de régler sa dette dans trois mois. Le taux de change est fixé dès aujourd'hui à : 19 151,71/30 000 = 0,6384.

B. L'avance en devises

Un importateur devant régler une dette en devises réalise aujourd'hui un placement dans cette même devise et les achète sur le marché des changes au comptant.

ex : *Les données de l'exemple précédent sont reprises. Dans ce cas, l'importateur réalise le placement de 29 796,83 dollars qu'il obtient au comptant sur le marché des changes pour 29 796,83 × 0,6352 = 18 926,95 euros. Il obtient un taux de change plus intéressant que dans le cas d'un recours au marché monétaire mais cela suppose qu'il dispose dès aujourd'hui d'une trésorerie suffisante pour réaliser le placement en devises sans devoir emprunter des euros.*

C. Les assurances COFACE (Compagnie Française d'Assurance du Commerce Extérieur)

Contre le versement d'une prime calculée sur le montant de l'opération couverte, la COFACE indemnise l'opérateur en cas de perte de change. En cas d'évolution favorable des taux de change, l'assuré s'engage à reverser le gain de change à la COFACE.

D. Les contrats à terme

L'opérateur s'engage à acheter ou à vendre des devises à un prix fixé dès la signature des contrats. Ces contrats sont disponibles sur les marchés de gré à gré (contrats *forwards*) ou sur les marchés organisés (*futures*).

1. Les *forwards*

Pour couvrir une position à terme longue (encaissement futur de devises), l'opérateur vend des devises à terme. Pour couvrir une position courte à terme (décaissement à venir en devises), il achète des contrats *forwards*.

ex : *Un importateur allemand doit régler dans deux mois une facture de 50 000 dollars. Il craint une hausse du dollar et a une position courte à terme en dollars. Il va acheter un forward à sa banque. Ce contrat l'engage à acheter à sa banque 50 000 dollars dans deux mois à un taux de change fixé aujourd'hui.*
Le taux de change proposé par sa banque est fonction du taux de change au comptant, de l'échéance du forward (2 mois) et des taux d'intérêt sur le marché européen et sur le marché américain.
Pour un taux comptant de USD 1 = 0,6352 EUR et des taux d'intérêt à deux mois de sur le marché européen de 4,553 % et de 2,7388 % sur le marché américain, le taux de change proposé par la banque sera proche de :

$$\frac{1+4{,}553\%\times\frac{2}{12}}{1+2{,}7388\%\times\frac{2}{12}}\times 0{,}6352=0{,}6371.$$

2. Les *futures*

Le mécanisme est similaire à celui des *forwards*, mais l'opération se réalise sur un marché organisé. La sécurité est plus grande du fait de l'existence de dépôts de garantie, d'appels de marge quotidiens et de la présence d'une chambre de compensation assurant la garantie de bonne fin des opérations. Les contrats étant standardisés en termes de montant de couverture, de taux et d'échéance, la couverture n'est pas toujours parfaitement adaptée aux besoins de l'opérateur.

E. Les *swaps* de devises

Les *swaps* sont des contrats de gré à gré permettant aux contractants d'échanger le service de deux dettes exprimées dans des monnaies différentes.

F. Les contrats optionnels

L'option, tout en assurant une couverture à son détenteur, présente l'avantage de lui laisser l'opportunité de tirer profit d'une évolution favorable des taux de change. Si l'opérateur anticipe une chute du cours de la devise, il achète une option de vente (un *put*). À l'inverse, en cas d'anticipation d'une hausse, il achète une option d'achat (un *call*).

ex : *Un exportateur américain doit encaisser 55 000 euros dans trois mois. Le taux de change au comptant actuel est de USD 1 = 0,6352 EUR. Il craint une chute du cours de l'euro et achète un call USD/put EUR de valeur nominale 55 000 euros (ou 55 000/0,6352 = 86 587 USD). Le prix d'exercice est de 0,64 EUR et la prime de 2 %. Le coût de la couverture est égale à 2 % × 55 000 = 1 100 EUR ou à 1 100/0,6352 = 1 731,74 USD.*

Dans trois mois, si les anticipations de chute de l'euro se vérifient et que le taux de conversion à l'échéance est de USD 1 = 0,65 EUR, l'exportateur exercera son option et convertira ses euros au prix d'exercice soit à 0,64 EUR. Il obtiendra 55 000/0,64 = 85 937,5 USD.

Le taux de conversion réel pour cette opération est égal à :

$$\left(\frac{1}{0{,}64} - \frac{2\%}{0{,}6352}\right)^{-1} = 0{,}6532$$

Sans l'option, la conversion aurait eu lieu au taux de change en vigueur à l'échéance, ce qui ne lui aurait rapporté que 55 000/0,65 = 84 615,38 USD.

L'option lui évite une perte de 85 937,5 - 84 615,38 = 1 322,12 USD.

Vérification du taux de conversion réel : il encaisse 85 937,5 USD à l'échéance contre le paiement d'une prime de 1 731,74 USD, soit un solde de 84 205,76 USD ce qui correspond à un taux de change de 55 000/84 205,76 = 0,6532 EUR.

À l'inverse, s'il y a eu au cours des trois mois une appréciation de l'euro et qu'à l'échéance, le taux de change est de USD 1 = 0,62 EUR, l'exportateur abandonne son option et convertit ses euros au taux en vigueur ce qui lui permet d'encaisser 55 000/0,62 = 88 709,68 USD. Le taux de conversion réel est égal à :

$$\left(\frac{1}{0{,}62} - \frac{2\%}{0{,}6352}\right)^{-1} = 0{,}6323$$

Vérification : il encaisse 88 709,68 USD contre le paiement d'une prime de 1 731,74 USD soit un solde de 86 977,94 USD, ce qui donne un taux de change de 55 000/86 977,94 = 0,6323.

Il existe trois types d'options permettant d'obtenir une couverture à moindre coût que les options classiques :

- les options *look back* ou options sur moyenne dont le prix d'exercice n'est pas connu à l'avance car il est calculé par la moyenne des cours observés sur la durée de vie de l'option ;

- les options sur options permettant à leur détenteur d'acheter une option sur devises. Elles sont intéressantes pour les entreprises en attente d'une réponse à un appel d'offre à l'international ;
- les options à barrière n'étant activées (options à barrières activantes ou options *in*) ou désactivée (options à barrières désactivantes ou option *down*) que lorsqu'un certain seuil est franchi.

Récapitulatif des modes de couverture externe du risque de change		
Type de couverture	**Marché de gré à gré**	**Marché organisé**
Couverture ferme	Marché monétaire Avances en devises *Forwards* *Swaps* de devises	*Futures*
Assurance	Coface contrat CIME Contrat NEGO	
Contrat optionnel	Options sur devises plus actif que les marchés organisés Majorité d'options européennes Options *look back*, options sur options, options à barrière	*Put* et *call* sur le Philadelphia Stock Exchange et le Chicago Mercantile Exchange
Comparatif entre marchés		
Avantages	Souplesse et bonne adaptation aux besoins de couverture	Existence d'une chambre de compensation assurant la bonne fin des opérations ; mécanisme de dépôt de garantie et d'appel de marge
Inconvénients	Pas de marché secondaire donc une faible liquidité Risque de contrepartie important	Standardisation des contrats en terme de montant et d'échéance
Livraison	Livraison obligatoire du sous-jacent	Livraison du sous-jacent très rare

MÉMO 16 La couverture du risque de taux d'intérêt

L'évolution des taux d'intérêt influence le résultat de l'exercice et la valeur patrimoniale de l'entreprise.

Impact de l'évolution des taux d'intérêt sur le résultat de l'entreprise pour les emprunts et placements à taux fixe		
Impact sur les postes existants	Actif	Passif
Diminution du taux d'intérêt	Gain en capital	Perte en capital
Augmentation du taux d'intérêt	Perte en capital	Gain en capital
Impact sur les postes futurs	**Placement**	**Dette**
Diminution du taux d'intérêt	Perte en revenu	Gain en revenu
Augmentation du taux d'intérêt	Gain en revenu	Perte en revenu

Impact de l'évolution des taux d'intérêt sur le résultat de l'entreprise pour les emprunts et placements à taux variable		
Impact sur les postes existants et futurs	Actif	Passif
Diminution du taux d'intérêt	Perte en revenu	Gain en revenu
Augmentation du taux d'intérêt	Gain en revenu	Perte en revenu

Le risque de taux peut être appréhendé par la sensibilité et par la duration.
La duration est la moyenne pondérée des dates d'échéance des diverses annuités :

$$\text{Duration} = \sum_{t=1}^{n} \frac{t \times \text{Flux}_t \times (1 + R_d)^{-t}}{V_{\text{obligation}}}$$

La sensibilité d'une obligation est la variation de la valeur de cette obligation provoquée par la variation de 1 % du taux d'intérêt :

$$\text{Sensibilité} = -\frac{\text{Duration}}{1 + R_d}$$

avec R_d, le taux d'intérêt pratiqué sur le marché et $V_{\text{obligation}}$, le cours de l'obligation (Cf. fiche 4).

1 Les techniques de couverture interne

A. L'adossement des actifs aux passifs

En sélectionnant de façon symétrique la duration des actifs et des passifs, l'impact d'une évolution du taux d'intérêt sera sans effet sur la valeur de l'entreprise. En cas de hausse des taux, la perte de valeur enregistrée sur les actifs viendra compenser le gain de valeur réalisé sur les éléments du passif et inversement.

B. L'immunisation de portefeuille

En faisant coïncider la durée du placement souhaitée par l'investisseur avec la duration de son portefeuille, les pertes engendrées par le réinvestissement des coupons intermédiaires est tout juste compensée par le gain en capital réalisé sur la hausse de valeur des obligations si les taux chutent (et inversement).

C. L'introduction de clauses optionnelles

Ces clauses permettent de revoir l'échéance ou le taux facial de l'opération après l'émission de l'obligation. Ainsi, les obligations extensibles peuvent voir leur durée de vie s'allonger en cas de hausse des taux et les obligations rétractables être remboursées avant l'échéance initialement prévue en cas de chute des taux.

D. Le rapprochement des échéances

La sensibilité étant une fonction décroissante de la durée de vie du produit financier, il est moins risqué de réaliser plusieurs opérations successives à court terme qu'une seule de longue durée.

E. Le recours aux produits à taux variables

Le recours aux produits à taux variables permet de se protéger contre une évolution des taux intérêts, le risque en capital sur ces titres étant pratiquement nul, les flux et les taux d'actualisation évoluant dans le même sens.

2 Les techniques de couverture sur les marchés de gré à gré

A. Le *forward-forward* ou terme contre terme

L'opérateur signe un contrat avec une banque ou une institution financière par lequel il s'engage à placer ou à emprunter, à une date future, une certaine somme pendant une période donnée et à un taux fixé à l'avance.
Ainsi, un investisseur envisageant de réaliser un placement dans l'avenir, et voulant se protéger d'une chute des taux, réalisera **un terme contre terme placement**.

ex : *Un investisseur prévoit de placer 750 000 euros dans deux mois pour sept mois. Il craint une baisse des taux. Il signe un forward-forward placement avec sa banque. La banque va placer la valeur actuelle de 750 000 euros sur le marché pendant une période de neuf mois et emprunter cette somme pendant les deux premiers mois. Le taux prêteur (offer) à 2 mois sur le marché est de 4,554 % et le taux emprunteur (bid) à 9 mois est de 4,752 %.*

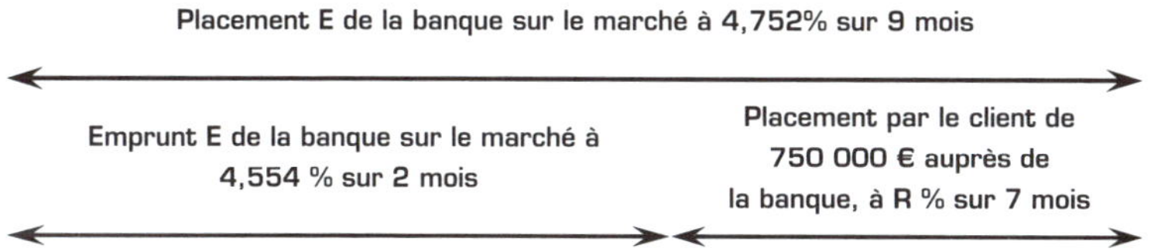

La banque emprunte la valeur actuelle de 750 000 euros sur deux mois à 4,554 % :

$$E \times \left[1 + \frac{2}{12} \times 4{,}554\%\right] = 750\,000 \quad \text{soit } E = 744\,350{,}38 \text{ euros.}$$

La banque place cette somme E pendant neuf mois au taux de 4,752 %. La somme récupérée par la banque au bout de neuf mois est égale à :

$$E \times \left[1 + \frac{9}{12} \times 4{,}752\%\right] = 744\,350{,}38 \times \left[1 + \frac{9}{12} \times 4{,}752\%\right] = 770\,879{,}03 \text{ €}$$

Le taux $R_{ffp,\ T\text{-}t}$, que la banque va proposer à son client est tel que la valeur acquise par ses deux emprunts successifs soit inférieure ou égale à la valeur acquise par son placement, soit :

$$E \times \left[1 + \frac{2}{12} \times 4{,}554\%\right] \times \left[1 + R_{ffp,T\text{-}t} \times \frac{7}{12}\right] \leq E \times \left[1 + \frac{9}{12} \times 4{,}752\%\right]$$

$$R_{ffp\text{-}t} \leq \left(\frac{1 + R_{p,T} \times (T/360)}{1 + R_{e,t} \times (t/360)} - 1\right) \times \frac{360}{T - t}$$

avec $R_{p,t}$ le taux de placement (ou taux emprunteur) pour une période T et $R_{e,t}$ le taux d'emprunt (ou taux prêteur) sur une période t.

$$R_{ffp\text{-}t} \leq \left[\frac{1 + \frac{9}{12} \times 4{,}752\%}{1 + \frac{2}{12} \times 4{,}554\%} - 1\right] \times \frac{12}{7} = 4{,}772\%$$

À l'opposé, **le terme contre terme emprunt** permet de se protéger d'une hausse des taux dans le cas d'un emprunt futur.

ex : *Un investisseur prévoit d'emprunter 500 000 euros dans trois mois pour une période de six mois. Il craint une hausse des taux. Il signe un forward-forward emprunt avec sa banque. La banque va à son tour emprunter la valeur actuelle de 500 000 euros sur le marché pendant une période neuf mois et réaliser un placement de cette somme pendant les trois premiers mois. Le taux prêteur (offer) à 9 mois sur le marché est de 4,756 % et le taux emprunteur (bid) à 3 mois est de 4,745 %.*

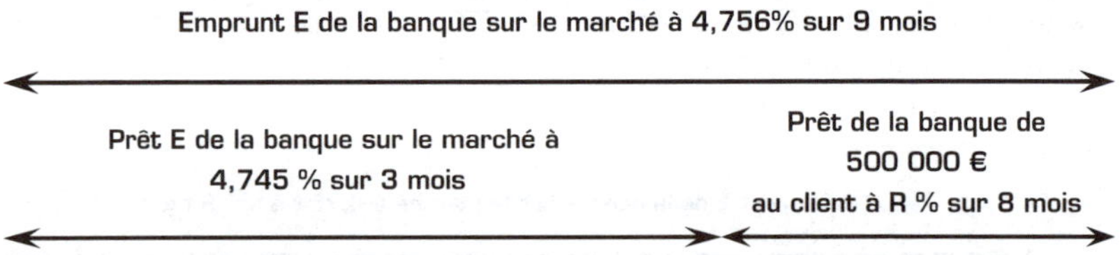

La somme E qu'emprunte la banque sera placée pendant trois mois à 4,745 % :

$$E \times \left[1 + \frac{3}{12} \times 4{,}745\%\right] = 500\,000 \quad \text{soit } E = 494\,138{,}28 \text{ euros.}$$

La somme que devra rembourser la banque au bout de neuf mois est égale à :

$$E \times \left[1 + \left(\frac{9}{12} \times 4{,}756\%\right)\right] = 494138{,}28 \times \left[1 + \left(\frac{9}{12} \times 4{,}756\%\right)\right] = 511764{,}19$$

Le taux $R_{ffe,\ T\text{-}t}$, que la banque va proposer à son client est tel que la valeur acquise par ses deux placements successifs soit supérieure ou égale à la somme qu'elle doit rembourser, soit :

$$E \times \left[1 + \frac{3}{12} \times 4{,}745\%\right] \times \left[1 + \frac{6}{12} \times R_{ffe,T\text{-}t}\right] \geq E \times \left[1 + \frac{9}{12} \times 4{,}756\%\right]$$

$$R_{ffe,T\text{-}t} = \left(\frac{1 + R_{e,T} \times (T/360)}{1 + R_{p,t} \times (t/360)} - 1\right) \times \frac{360}{T - t}$$

$$R_{ffe,T\text{-}t} \geq \left[\frac{1 + 4{,}756\% \times \frac{9}{12}}{1 + 4{,}745\% \times \frac{3}{12}} - 1\right] \times \frac{12}{6} = 4{,}706\%$$

B. Le *forward rate agreement (FRA)* ou taux à terme garanti

Ce contrat permet d'acheter ou de vendre des intérêts, calculés sur un capital notionnel. Comme le *forward-forward*, il assure une garantie de taux, mais à la différence du *forward- forward*, il ne garantit pas les fonds. Un futur emprunteur achètera un *FRA* pour se garantir un taux maximum, tandis qu'un investisseur désirant réaliser un placement futur vendra un *FRA* pour se garantir un taux de placement minimum.

Si la hausse des taux est telle que le taux de référence (R_{ref}) devient supérieur au taux garanti ($R_{FRA,t,T\text{-}t}$), l'acheteur du *FRA* reçoit le différentiel d'intérêt :

$$(R_{ref} - R_{FRA,t,T\text{-}t}) \times \text{Montant du contrat} \times \frac{T - t}{360}$$

À l'inverse si le taux garanti est supérieur au taux de référence, c'est l'acheteur du *FRA* qui verse au vendeur le différentiel soit :

$$(R_{FRA,t,T\text{-}t} - R_{ref}) \times \text{Montant du contrat} \times \frac{T - t}{360}$$

En cas d'intérêt précomptés, les équations précédentes deviennent :

$$\frac{(R_{ref} - R_{FRA,t,T\text{-}t}) \times \text{Montant du contrat} \times \frac{T - t}{360}}{1 + R_{ref} \times \frac{T - t}{360}}$$

$$\text{et } \frac{\left(R_{FRA,\,t,\,T-t} - R_{ref}\right) \times \text{Montant du contrat} \times \dfrac{T-t}{360}}{1 + R_{ref} \times \dfrac{T-t}{360}}$$

La détermination des taux garantis par les banques à leurs clients se fait de la même manière que pour le *forward-forward*.

C. Les options sur taux d'intérêt

À la différence des contrats à terme, les contrats optionnels permettent à leur détenteur de tirer profit d'une évolution favorable des taux. Sur les marchés de gré à gré, il existe deux catégories d'options : les options directes de taux et les options sur FRA.

1. Les options directes de taux

Ce sont des options disponibles sur le marché interbancaire qui permettent de couvrir les opérations de trésorerie à court terme à taux fixe. Avec une option sur taux emprunteur, le coût du financement est plafonné à :
Minimum (taux de référence + marge + prime ; taux exercice + prime)
Les options sur taux prêteur assurent un taux de placement égal à :
Maximum (taux de référence + *marge* - prime ; taux d'exercice - prime)

2. Les options sur FRA : les *caps*, les *floors* et les *collars*

Les *caps*, *floors* et *collars* assurent la couverture d'opérations à long terme à taux variables :

- Le ***cap*** garantit un taux plafond pour les emprunteurs à taux variable. Il est équivalent à une série d'options de taux emprunteur de même taux d'exercice et de même sous-jacent. Le résultat de l'opération, pour le détenteur du *cap* sera égal à chaque période à :
  Maximum [taux référence - taux garanti ; 0] × notionnel - prime.
- Le ***floor*** garantit un taux plancher pour les prêteurs à taux variable. L'encaissement pour le prêteur est égal à chaque période à :
  Maximum [taux garanti - taux référence ; 0] × notionnel - prime.
- Le ***collar*** est un contrat qui combine un *cap* et un *floor* et qui assure à l'investisseur un taux compris dans une fourchette de taux. La couverture est moins intéressante que dans le cas d'un *cap* ou d'un *floor* simple, mais le coût est aussi moindre. La garantie d'un taux plafond pour un emprunteur est obtenue grâce à l'achat d'un *collar* (achat d'un *cap* et vente d'un *floor*). La garantie d'un taux plancher pour un prêteur s'obtient par la vente d'un collar (vente d'un *cap* et achat d'un *floor*).

D. Les *swaps* de taux d'intérêt

Les *swaps* sont des contrats de gré à gré permettant aux contractants d'échanger le service de deux dettes ou de deux placements. Ils permettent notamment d'échanger un taux fixe contre un taux variable.

3 Les techniques de couverture sur les marchés organisés

A. Les contrats à terme sur taux ou *futures*

Le *future* est un contrat à terme par lequel le vendeur s'engage à livrer à l'acheteur soit des obligations à taux fixe, soit un dépôt rémunéré, à une échéance et à un prix fixé à la signature du contrat.

1. Les *futures* sur taux longs

Le contrat sur obligations d'État permet de couvrir les portefeuilles obligataires. Les *futures* les plus utilisés sont le *long Gilt future* coté sur le Liffe et le *Euro Bund* coté en Allemagne sur Eurex. Le nombre de contrats à vendre pour couvrir un portefeuille obligataire est obtenu par :

$$N = \frac{\text{Valeur du portefeuille} \times \text{sensibilité de l'obligation en portefeuille}}{\text{Valeur nominale du contrat} \times \text{sensibilité des obligations du contrat}}$$

2. Les *futures* sur taux courts

Ils assurent la couverture des opérations de trésorerie à court terme et ont pour support des bons du trésor ou des dépôts monétaires.

B. Les contrats optionnels

L'option, tout en assurant une couverture à son détenteur, présente l'avantage de lui laisser l'opportunité de tirer profit d'une évolution favorable des taux d'intérêt.

Protection contre une hausse des taux d'intérêt	Forte	Faible
Stratégie	Achat d'un *put*	Vente d'un *call*
Protection contre une baisse des taux	**Forte**	**Faible**
Stratégie	Achat d'un *call*	Vente d'un *put*

Le marché de ce type de produits est peu développé. Ils sont cotés sur le CBOT (*Chicago Board of Trade*), le CME (*Chicago Mercantile Exchange*) et sur l'Eurex (marché allemand).

Récapitulatif des modes de couvertures externes du risque de taux		
Type de couverture	**Marché de gré à gré**	**Marché organisé**
Couverture ferme	*Forward-forward* FRA *Swaps* de taux	*Futures* sur taux longs (LT) *Futures* sur taux courts (CT)
Contrat optionnel	Options directes sur taux d'intérêt (CT) *Cap*, *floor*, *collar* (LT)	*Put* et *call* sur obligations
Comparatif des marchés		
Avantages	Souplesse et bonne adaptation aux besoins de couverture	Existence d'une chambre de compensation assurant la bonne fin des opérations Mécanisme de dépôt de garantie et d'appel de marge
Inconvénients	Pas de marché secondaire d'où faible liquidité Risque de contrepartie important	Standardisation des contrats en terme de montant et d'échéance
Livraison	Livraison obligatoire du sous-jacent	Livraison du sous-jacent très rare

La fraude et le blanchiment de capitaux

Devant la multiplication des scandales financiers depuis les années 2000 ayant entraîné une baisse de confiance du public vis-à-vis des marchés financiers, les législateurs ont cherché à renforcer la réglementation en ajoutant au volet répressif un aspect préventif.
La répression s'étend désormais de l'identification du bénéfice de l'infraction à la confiscation de ce dernier. Des cellules de renseignement financier (CRF) ont été mises en place afin de confier à des organes spécialisés les tâches de réception et d'analyse de ces renseignements financiers pour en apprécier la pertinence et transmettre l'information aux organes répressifs compétents de l'État.

1 Définition de la fraude comptable et financière

La Compagnie nationale des commissaires aux comptes, la définit comme un « acte intentionnel commis par un ou plusieurs dirigeants, salariés ou toute autre personne, impliquant des manœuvres dolosives dans l'objectif d'obtenir un avantage indu ou illégal ».
Pour l'ACFE, (l'*Association of Certified Fraud Examiners*), organisme international, la **fraude** est « un acte accompli dans l'illégalité, qui consiste à tromper délibérément, à soutirer de l'argent contre la volonté de quelqu'un ou à falsifier intentionnellement un document afin de porter atteinte aux droits ou aux intérêts d'autrui ». La classification de l'ACFE (2012) distingue trois types de fraude en entreprise : le détournement de biens et services, la corruption et la publication d'états financiers ne reflétant pas une image fidèle de l'entreprise.
Le **détournement** peut être défini comme un acte de vol ou d'appropriation d'un actif au détriment de l'entreprise. Il prend la forme de détournement d'actifs, de paiement frauduleux, d'abus de bien sociaux ou encore le règlement de fournisseurs fictifs.
La **corruption** est une utilisation abusive d'un pouvoir à des fins privées telles que l'enrichissement personnel ou d'un tiers en contrepartie d'un cadeau, d'argent ou d'autres avantages. Enfin, en 2016, un délit de manquement à la prévention de la corruption (loi 2019-1961) a été institué.
Pour Carassus et Cormier (2003), la fraude à l'information comptable et financière (ICF) est un acte volontairement commis, par une ou plusieurs personnes de la direction, par les salariés ou même par des tiers, qui aboutit à des états financiers erronés, au sens de faux, inexacts et trompeurs. Elle prend la forme de comptabilisation de revenus fictifs, omission d'informations capitales ou encore l'activation de coûts.

2 La régulation financière européenne

La Commission européenne a cherché à uniformiser la régulation entre les différents États membres par la mise en place d'une nouvelle structure en janvier 2011 : le **Système européen de surveillance financière** (SESF) composé du Comité européen

du risque systémique (CERS) agissant en coordination avec l'Autorité bancaire européenne (ABE), l'Autorité européenne des assurances et des pensions professionnelles (AEAPP) et l'**Autorité européenne des valeurs mobilières** (AEVM). Le rôle du CERS est de veiller à la stabilité financière en repérant les risques systémiques et en proposant des recommandations pour y faire face.
Créée en 2010, l'AEVM (ESMA en anglais : *European Securities and Markets Authority*) assure la stabilité et l'efficacité du système financier dans l'Union européenne en participant à l'élaboration de normes et standards de régulation et de surveillance financière. Elle émet également des orientations et des recommandations dans ce sens. Parallèlement, elle évalue et analyse de façon permanente les risques présents sur les marchés financiers. Elle participe à la construction d'une base de données recensant des informations sur les établissements financiers qu'elle surveille. Elle est aussi en charge d'analyser les tendances de consommation en matière de produits financiers.

3 La régulation financière internationale

Le GAFI (Groupe d'action financière) a été créé en 1989. Il édicte des règles sous forme de recommandations. Des cellules de renseignements financiers (CRF) ont aussi été mises en place dans plus de 150 pays et sont aujourd'hui connectées entre elles pour des échanges d'informations possibles en quelques jours seulement.

4 Les organes de réglementation français

▸ TRACFIN

La CRF (cellule de renseignements financiers) française, TRACFIN (Traitement du renseignement et action contre les circuits financiers clandestins), rattachée au ministère de l'Économie et des Finances, traite en temps réel les signalements qui lui sont communiqués. En cas de fraude avérée, elle transmet ses conclusions à l'autorité judiciaire. Dans le cas contraire, une enquête judiciaire peut être demandée.
TRACFIN permet aussi, grâce à la centralisation des données qu'elle recueille, d'alimenter les enquêtes en cours en renseignant sur les comportements passés des personnes mises en cause. Son droit à la communication lui permet d'obtenir toute information utile sans que l'on puisse lui opposer le secret professionnel. Grâce à son droit d'opposition, elle a la possibilité de procéder au blocage d'une opération non encore exécutée pendant un délai d'un jour ouvrable à compter de la réception de la déclaration.

▸ L'Autorité des marchés financiers

L'AMF est le gendarme de la Bourse. Son règlement fixe les principes généraux d'organisation et les règles de fonctionnement des marchés réglementés, les règles de bonne conduite des prestataires de services d'investissement (PSI) ainsi que les règles relatives aux offres publiques.

5 Éthique et déontologie dans le management financier

Le conseil d'administration, le comité d'audit, l'auditeur externe, l'activisme des actionnaires et le contrôle interne sont aussi des mécanismes qui jouent un rôle important dans la lutte contre la fraude. La loi Sarbanes-Oxley aux États-Unis et la loi de sécurité financière en France ont renforcé les contraintes, notamment en ce qui concerne la qualité de l'information comptable publiée et sa vérification par les auditeurs. Dans les entreprises sont aussi mis en place des directions des risques, une direction juridique, une direction de conformité. Elles publient aussi des chartes éthiques et des codes de déontologie.

6 La réglementation du secteur bancaire

L'**Autorité de contrôle prudentiel et de résolution** (ACPR) est en charge de la régulation des banques françaises. Il s'agit d'une autorité de supervision indépendante, adossée à la Banque de France. Le président de l'ACPR est le gouverneur de la Banque de France, il délivre les agréments, contrôle et sanctionne les professionnels du secteur bancaire et financier.

Mais la crise financière de 2008 ayant montré comment les difficultés d'une banque se propageaient rapidement à l'ensemble du secteur, la Commission européenne a donc souhaité mettre en place une supervision bancaire au niveau européen en créant en 2011, l'**Autorité bancaire européenne** (ABE) (ou EBA en anglais : *European Banking Authority*) dont la mission est de garantir la stabilité et l'efficacité du système bancaire. Elle a aussi pour rôle d'assurer la transparence des produits financiers et la protection des déposants et des investisseurs tout en permettant une meilleure coordination internationale dans la surveillance des établissements financiers.

Les missions accordées à la **Banque centrale européenne** (BCE) ont aussi été renforcées par le Conseil européen d'octobre 2012, avec la mise en place d'un mécanisme de surveillance unique (MSU) des banques de la zone euro, c'est-à-dire 128 grandes banques européennes jugées significatives.

Le **Haut conseil de la stabilité financière**, créé par la loi de séparation et de régulation des activités bancaires du 26 juillet 2013 veille à la stabilité financière et définit la politique macroprudentielle. Il est présidé par le ministre des Finances et comprend aussi le Gouverneur de la Banque de France, en sa qualité de Président de l'ACPR, le vice-président de l'ACPR, le Président de l'AMF, le Président de l'Autorité des normes comptables, le président du Sénat et le ministre des Finances.

7 La régulation dans le secteur des assurances

L'**Autorité européenne des assurances et des pensions professionnelles** (AEAPP ou EIOPA en anglais : *European Insurance and Occupational Pensions Authority*) assure la stabilité du système financier européen dans le secteur de l'assurance-réassurance. Elle contribue à la proposition de normes de régulation et de surveillance financière essentiellement dans le domaine de l'assurance pour lequel elle analyse les risques.

MÉMO 18 La politique de dividendes

La politique de dividendes se matérialise par la façon dont les actionnaires décident d'utiliser le FTA (flux de trésorerie pour les actionnaires). Ce flux peut être conservé dans l'entreprise sous la forme de mises en réserves ou être reversé aux actionnaires sous la forme de dividendes ou de rachat d'actions.

1 Les obligations légales en matière de distribution de dividendes

A. La dotation à la réserve légale

Elle est égale à 5 % du bénéfice diminué de l'éventuel report à nouveau débiteur. Cette dotation est obligatoire tant que la réserve légale n'atteint pas 10 % du montant du capital social.

B. L'affectation du résultat

Résultat de l'exercice N
- Dotation à la réserve légale
+ RAN de N-1
- Dotation aux réserves réglementées
- Dotations aux réserves statutaires
= Bénéfice distribuable
+ Réserves mises en distribution
= Montant distribuable
- Dividendes
- Dotations aux réserves facultatives
= RAN de N

Le dividende peut être composé d'un intérêt statutaire, exprimé en pourcentage de la valeur nominale de l'action, qui doit être versé dès lors que la société fait des bénéfices. Le dividende supplémentaire est appelé superdividende et est exprimé en euros.

Remarque. Tant que les frais d'établissement ne sont pas amortis, l'entreprise ne peut procéder à aucune distribution de dividendes sauf s'il existe des réserves libres dont le montant est au moins égal à la valeur nette de ces frais d'établissement.

C. Les modes de versement du dividende

Le dividende est généralement versé annuellement en numéraire. D'autres alternatives, rarement mises en œuvre, sont cependant possibles :

- un versement anticipé d'une fraction du dividende peut se faire sous la forme d'acomptes sur décision du conseil d'administration. Les décaissements pour l'entreprise et les encaissements pour les actionnaires sont alors lissés dans le temps ;
- le paiement du dividende peut aussi se faire sous forme d'actions, sur décision de l'assemblée générale ordinaire. L'avantage pour l'entreprise est qu'il n'y a pas de flux à décaisser. Pour les actionnaires désirant augmenter leur part dans le capital de l'entreprise, il évite des coûts de transaction supplémentaires. Il peut cependant induire un problème de trésorerie car les actionnaires doivent s'acquitter de l'impôt sur le dividende ainsi perçu, alors qu'ils ne reçoivent aucune liquidité.

Les actionnaires détenant leurs actions depuis plus de deux ans peuvent recevoir un dividende majoré, qui ne peut toutefois pas être supérieur à 10 % du dividende normal. La distribution doit intervenir dans les six mois suivant l'AGO.

2 L'impact de la politique de dividendes sur la valeur de l'entreprise

Compte tenu des différences observées entre les entreprises en termes de politique de dividendes, il est pertinent de se demander si le niveau des dividendes influence la valeur de l'entreprise.

A. La thèse de la neutralité dans un mode parfait

Le marché des capitaux est parfait s'il n'y a pas de fiscalité ou distorsion fiscale entre l'imposition des plus-values et des dividendes ; si le montant du dividende distribué est librement fixé ; si l'accès au marché est libre ; s'il n'y a pas de coût d'augmentation du capital ni de frais de transaction ; s'il n'y a pas d'asymétrie d'information ; s'il n'y a pas de conflits d'intérêts entre les actionnaires et les dirigeants.
L'actionnaire est indifférent entre recevoir un euro sous forme de plus-value ou de dividende, le cours de l'action diminuant automatiquement du montant du dividende distribué.

B. L'effet de clientèle fiscale

Imposition des dividendes et des plus-values pour 2019

Bénéficiaires	Dividendes	Plus-values
Particuliers	Taxation au taux unique (flat tax) de 30 % (12,8 % au titre de l'impôt sur le revenu et 17,2 % au titre des prélèvements sociaux). Il est possible d'opter pour le barème progressif de l'impôt sur le revenu.	
	Abattement de 40 %	Abattement pour durée de détention si acquis avant le 01.01.18 : 50 % si la détention est comprise entre 2 et 8 ans, 65 % à partir de 8 ans.
Entreprises	Imposition au taux de droit commun	
	Exonérés en cas d'application du régime mères filiales ou de l'intégration fiscale.	Exonération (à hauteur de 88 %) pour les plus-values sur titres de participations détenus depuis plus de deux ans.

Lorsque les modalités de taxation des plus-values et des dividendes sont différentes, les investisseurs orienteront leur placement selon leur situation fiscale propre. Les entreprises distribuant des dividendes élevés seront ainsi privilégiées par les investisseurs se situant dans les tranches d'imposition les plus faibles, tandis que les actionnaires se situant dans les tranches hautes se tourneront vers les entreprises distribuant de faibles dividendes et favorisant la mise en réserves des bénéfices. Pour les particuliers, la taxation des dividendes et plus-values se faisant désormais au barème progressif de l'impôt sur le revenu, il n'y a plus réellement « d'effet de clientèle fiscale » en France.

C. Le financement de projet d'investissement

L'existence de projets d'investissements rentables incitera l'entreprise à favoriser la mise en réserves du résultat afin de se constituer une trésorerie suffisante à leur financement.

D. L'effet signal

L'existence d'asymétries d'information entre les actionnaires et les dirigeants incite ces derniers à émettre des signaux positifs. Le niveau de dividendes est un signal crédible qui permet de rassurer les actionnaires sur la bonne santé financière de l'entreprise, car il ne peut être imité par une société anticipant des difficultés.

E. La réduction des coûts d'agence

La distribution de dividendes constitue, au même titre que l'endettement, un moyen de contrôle du dirigeant car elle permet de réduire le risque d'utilisation inefficiente de la trésorerie disponible par ce dernier.

F. L'existence des coûts de transaction

L'importance des coûts de transaction (frais liés à la cession et à l'achat de titres d'actions) peut aussi influencer la politique de dividendes. Les actionnaires recherchant des liquidités favoriseront les entreprises ayant des dividendes élevés, tandis que les investisseurs désirant placer leurs liquidités se tourneront plus facilement vers les sociétés favorisant la mise en réserves des résultats.

G. La finance comportementale

Les actionnaires optimistes apprécient les mises en réserves, car ils anticipent une hausse certaine du cours des actions. À l'inverse, les pessimistes privilégient les distributions de dividendes qui leur assurent un revenu certain.

3 Les rachats d'actions

Si le rachat d'actions ou la distribution d'un dividende exceptionnel se traduisent comme la distribution de dividendes, par le reversement d'une partie de la trésorerie aux actionnaires, ce sont des opérations ponctuelles qui n'entraînent pas l'effet cliquet de la distribution classique (du fait de l'effet signal, il est très difficile pour une entreprise de réduire le niveau de dividende d'une année à l'autre). Certains éléments expliquent pourquoi certaines entreprises choisissent plutôt l'une ou l'autre de ces deux alternatives (distribution *versus* rachat d'actions). En cas de distribution de dividendes, chaque actionnaire reçoit des liquidités. Au contraire, avec un rachat d'actions, les actionnaires peuvent conserver leurs actions. Bien que le rachat d'actions soit interprété comme un signal positif (sous-évaluation des actions), ce signal est moins fort que celui émis en cas de distribution de dividendes (de par son effet cliquet). En cas de distribution de dividendes, tous les actionnaires sont taxés au titre de l'impôt sur le revenu. En cas de rachat d'actions, seuls les investisseurs ayant vendu leurs titres sont imposés sur les plus-values.

Remarque. Le rachat d'action ne peut excéder 10 % du capital de la société.

La gestion de la valeur de l'action

À côté des approches traditionnelles du diagnostic financier se sont développées au cours des deux dernières décennies des approches complémentaires : les modèles de mesure de la création de valeur, la notation des entreprises et organismes publics par des agences spécialisées et l'analyse par les options réelles.

1 Les modèles de mesure de la création de valeur

Le principal reproche qui est fait aux mesures comptables de la performance (rentabilité économique et rentabilité des capitaux propres) tient au fait qu'elles ne prennent pas en compte le risque pris par les actionnaires, et donc le coût d'opportunité qu'ils supportent. Une société a une rentabilité positive dès lors qu'elle fait des bénéfices. Or, faire des bénéfices (disons 100 M €) ne signifie pas créer de la valeur si, compte tenu du risque qu'ils prennent, les actionnaires attendaient un résultat supérieur (par exemple, 120 M €).

A. Principes des modèles de mesure de la création de valeur

1. Confronter le résultat obtenu et le résultat attendu

Tous les modèles de mesure de la création de valeur se fondent sur la même logique, celle de la confrontation de la rentabilité (ou le résultat) obtenue (voir fiche 14) avec la rentabilité attendue :

Rentabilité obtenue > Rentabilité attendue → Création de valeur

Rentabilité obtenue < Rentabilité attendue → Destruction de valeur

La rentabilité attendue représente le taux de rendement exigé des fonds investis par ceux qui vont percevoir le résultat obtenu (les actionnaires et/ou les créanciers financiers).

2. L'estimation de la rentabilité attendue

Avant de pouvoir estimer la rentabilité attendue, il faut identifier les apporteurs de fonds qui vont en bénéficier.

Remarque. Un résultat calculé avant déduction des intérêts d'emprunts sert à rémunérer l'ensemble des apporteurs de fonds (actionnaires et créanciers financiers). Un résultat calculé après déduction des intérêts d'emprunts ne rémunère que les actionnaires.
La rentabilité économique mesure la rémunération de l'ensemble des apporteurs de fonds (actionnaires et créanciers financiers). Elle doit donc être confrontée au coût du capital (CMPC), qui mesure la rentabilité exigée par l'ensemble des apporteurs de fonds.
La rentabilité des capitaux propres mesure la rémunération des seuls actionnaires. C'est donc le coût des fonds propres (R_c) qui doit lui être opposé.

	Rentabilité obtenue	Rentabilité attendue
Actionnaires	$K_c = \frac{\text{Résultat net}}{\text{Capitaux propres}}$	$R_c = R_f + \beta_c \times PR_m$

	Rentabilité obtenue	Rentabilité attendue
Actionnaires + créanciers financiers	$K_a = \frac{\text{Résultat économique}}{\text{Actif économique}}$	$CMPC = R_c \times \frac{V_{cp}}{VGE} + R_d \times (1 - T) \times \frac{V_{df}}{VGE}$
Remarque	D'après données comptables	D'après données de marché

B. Les principaux modèles

Il existe une multitude de modèles, développés par autant de cabinets de conseil. Nous nous limiterons ici aux principaux.

1. Le modèle EVA, Economic Value Added

L'EVA s'estime par différence entre le résultat opérationnel (ROP) après impôt et la rémunération de l'actif économique (AE = capitaux propres + dettes financières) au coût du capital :

$$EVA_t = ROP_t \times (1 - T) - CMPC_t \times \text{Actif Économique}_{t-1}$$

Or la rentabilité économique de l'entreprise (K_a) peut s'estimer ainsi :

$$K_{a,t} = ROP_t \times (1 - T)/\text{Actif Économique}_{t-1}$$

L'équation de l'EVA peut alors s'écrire :

$$EVA_t = [K_{a,t} - CMPC_t] \times AE_{t-1}$$

Il y a ainsi création de valeur lorsque $K_{a,t}$ est supérieure à $CMPC_t$, c'est-à-dire lorsque la rentabilité obtenue par l'ensemble des apporteurs de fonds est supérieure à la rentabilité qu'ils attendaient.

2. Le modèle MVA, Market Value Added

Alors que l'EVA est une mesure annuelle de la création de valeur, la MVA mesure la création de valeur totale, c'est-à-dire tenant compte de celle passée, mais également de celle à venir, telle qu'anticipée par le marché. Elle s'estime par différence entre la valeur de marché et la valeur comptable de l'actif économique :

$$MVA = V_{cp} + V_{df} - CP - DF$$

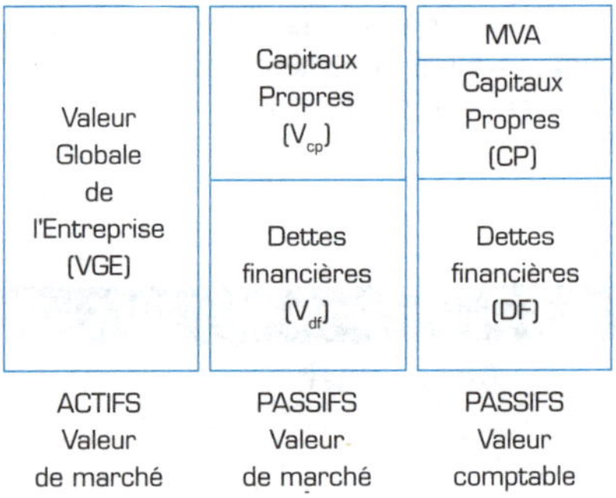

3. Le modèle TSR, Total Shareholder Return

Le TSR représente le taux de rendement d'une action (généralement sur 1 an). Il tient compte à la fois de la plus-value réalisée et du dividende perçu. Il s'estime à partir de la variation de valeur du titre et du montant du dividende versé entre t - 1 et *t*, soit :

$$TSR = \frac{\text{Capitalisation boursière}_t - \text{Capitalisation boursière}_{t-1} + \text{Dividende}}{\text{Capitalisation boursière}_{t-1}}$$

2 La notation par les agences de *rating*

Les agences de notation sont des sociétés dont l'activité consiste à apprécier la capacité des émetteurs de dettes obligataires à faire face à leurs engagements. Les trois principales agences de notation sont *Standard and Poor's*, *Moody's Investors Services* et *Fitch Ratings*. Elles attribuent une note sous la forme de lettre (par exemple, AAA). Plus la note est bonne, plus la société est considérée comme en bonne santé financière. Le fait d'être noté permet de réduire l'asymétrie d'information entre l'emprunteur et le marché, et ainsi d'obtenir un taux d'intérêt plus faible.

Si la situation d'un émetteur de dette obligataire se détériore, sa note sera dégradée, ce qui fera augmenter le taux de rendement exigé pour ses obligations. En effet, plus le risque est élevé, plus le taux de rentabilité exigé est fort (voir fiche 2). De ce fait, le cours des obligations concernées baissera.

La note est attribuée après une étude approfondie de la société ou de l'organisation publique (collectivité locale, État...) concernée. Cette analyse, tout autant quantitative que qualitative, porte sur le risque financier et le risque opérationnel de l'émetteur.

3 Les options réelles

Une des limites de la VAN (voir fiche 7) en matière de choix d'investissement est qu'elle conduit à figer le projet d'investissement. Si ce dernier est réalisé, il n'est pas possible ensuite de le faire évoluer au cours du temps. L'intérêt de l'approche par les options réelles est de prendre en compte cette possibilité de flexibilité dans la valorisation d'un projet d'investissement.

A. Les principales options réelles

Les principales options réelles sont :

- l'option de report : permet de reporter un projet dans le temps, afin de réduire l'incertitude au moment de la prise de décision ;
- l'option d'expansion : possibilité d'étendre le projet, dans le futur, si l'information disponible à ce moment là est favorable ;
- l'option d'abandon : possibilité de ne pas poursuivre le projet jusqu'à son terme, en le cédant ou le liquidant avant.

B. Les paramètres d'une option réelle

De même que pour les options négociables (voir fiche 5), la valeur d'une option réelle dépend de six paramètres :
- la valeur de l'actif sous-jacent : valeur actualisée des flux de trésorerie du projet, compte non tenu de l'investissement initial, et sans tenir compte de l'option réelle ;
- le prix d'exercice de l'option : montant à dépenser ou à recevoir si l'option est exercée ;
- la durée d'existence de l'option réelle ;
- la volatilité de la valeur de l'actif sous-jacent ;
- le taux sans risque, de même maturité que l'option réelle ;
- le niveau des sorties de trésorerie qui sont associées à l'actif sous-jacent et qui peuvent affecter significativement sa valeur (de même que les dividendes pour les options sur actions).

Une option réelle est un *call* lorsque l'exercice de l'option entraîne un flux de sortie de trésorerie et un *put* lorsque son exercice induit un flux d'entrée.

C. Valorisation de l'option réelle

Pour valoriser l'option, il faut procéder par étapes :
- valorisation du projet non flexible (sans prendre en compte l'option), par l'actualisation de ses flux de trésorerie futurs (voir Fiche 15) ;
- estimation des paramètres de l'option (généralement, les paramètres binomiaux, voir fiche 5) ;
- construction de l'arbre de valeurs du projet non flexible, à partir des informations obtenues aux 2 premières étapes ;
- construction de l'arbre de valeurs du projet flexible, par induction arrière et en tenant compte de l'option réelle. Le nœud initial correspond à la valeur du projet flexible. La valeur de l'option réelle correspond à la différence entre la valeur du projet flexible et celle du projet non flexible.

La dernière colonne de l'arbre de valeurs du projet flexible se construit en prenant le montant le plus élevé entre la valeur du projet non flexible, à cette date là, et la valeur du projet si l'option est exercée. Aux nœuds précédents, il faut estimer la valeur du projet par l'approche risque-neutre. Cette valeur risque-neutre est à comparer à la valeur qu'aurait le projet si l'option réelle était exercée à cette période, afin de choisir la solution optimale :

$$V_n = \text{Max}\left([p_u \times V_{n+1,u} + p_d \times V_{n+1,d}] \times [1 + r]^{-1} ; V_{n-OR}\right)$$

avec V_n la valeur du projet flexible à la période *n*, p_u la probabilité risque-neutre de hausse, p_d la probabilité risque-neutre de baisse, *r* le taux sans risque, $V_{n+1,u}$ la valeur haute du projet en n+1, $V_{n+1,d}$ la valeur basse du projet en n+1 et V_{n-OR} la valeur du projet en *n* si l'option réelle est exercée.

Les fusions-acquisitions

Les fusions-acquisitions permettent de réaliser des opérations de croissance externe. Du point de vue financier, elles s'analysent comme des opérations d'investissement, dont l'objet est de créer de la valeur.

1 Typologie des opérations de fusions-acquisitions

Une entreprise peut croître par croissance interne (on parle également de croissance organique) ou par croissance externe. La croissance externe se fait par le rachat de sociétés, contrairement à la croissance interne qui procède par la combinaison de ressources dont dispose déjà l'entreprise.

A. Les formes de croissance externe

Une opération de croissance externe peut aboutir à une :
- intégration horizontale : l'entreprise acquiert un concurrent ;
- intégration verticale : l'entreprise rachète un client ou un fournisseur ;
- diversification : la société acquise à une activité pas ou peu liée à celle de l'entreprise.

B. Les motivations des fusions-acquisitions

Les motivations des fusions-acquisitions sont très variées et peuvent être regroupées en trois grandes familles :

Réalisation de synergies	Sous-valorisation de la cible	Autres justifications
Synergies opérationnelles	Inefficience managériale	Pouvoir de marché
Synergies financières	Sous-évaluation des titres	Transfert de richesse
Synergies fiscales	Sous-évaluation des actifs	Diversification pure

Il y a réalisation de synergies opérationnelles lorsque le rapprochement de deux sociétés permet de réduire les coûts et/ou d'augmenter le chiffre d'affaires du nouvel ensemble. Des synergies financières peuvent apparaître lorsque les deux entreprises ont des cycles de trésorerie opposés : l'activité de l'une dégage une trésorerie importante alors que celle de l'autre en consomme. Enfin, il peut y avoir synergie fiscale lorsque les pertes de l'une peuvent permettre à l'autre de payer moins d'impôt.
La sous-évaluation de la cible peut également motiver une prise de contrôle, l'intérêt du repreneur étant alors de mieux valoriser la société afin de réaliser une plus-value. Elle peut être liée à un mauvais management de la cible. Dans ce cas, le repreneur change l'équipe de direction afin d'améliorer les performances de la société. La sous-évaluation peut également être due à une forte asymétrie d'information entre le marché et les dirigeants de la cible ou du repreneur potentiel. Ceci étant, le signal envoyé par l'annonce de la prise de contrôle conduit le marché à réévaluer la cible, annulant ainsi le gain à attendre de l'opération. Enfin, dans certains cas, la valeur de marché des capitaux propres de la cible peut être inférieure à son actif net réévalué.

Les autres motivations qui peuvent être avancées pour justifier une prise de contrôle sont principalement la possibilité d'un transfert de richesse et la diversification des activités de l'entreprise. Il y a transfert de richesse lorsque, suite à la prise de contrôle, le pouvoir de marché du nouveau groupe augmente, grâce à la réduction de la pression concurrentielle. Il y a alors transfert de richesse, des clients (généralement les consommateurs) vers les actionnaires. Ce transfert de richesse peut également se faire au détriment d'autres catégories d'acteurs (salariés, collectivités locales...). Enfin, certaines opérations peuvent être justifiées par le souhait de diversifier les activités de l'entreprise et réduire ainsi son risque. Ceci est cependant une stratégie erronée car le même résultat peut être obtenu par les actionnaires, pour un coût bien moindre (coût de passation d'ordres en Bourse).

2 La dimension financière des opérations

A. La création de valeur

Une opération de fusion-acquisition est créatrice de valeur si le gain lié au rapprochement des deux sociétés est supérieur aux coûts associés à l'opération (prime de contrôle et frais divers).

Le gain de l'opération se mesure par différence entre la valeur du nouveau groupe et la valeur des sociétés prises individuellement :

Gain = valeur du groupe après prise de contrôle (V_{a+b})
– valeur des sociétés avant prise de contrôle ($V_a + V_b$)

Pour pouvoir prendre le contrôle de la cible, l'acquéreur doit payer les actions à un prix majoré par rapport à leur valeur en l'absence de prise de contrôle. Cette prime de contrôle s'estime par différence entre le prix qui sera payé et la valeur de l'action avant l'annonce de l'opération (V_b) :

Prime de contrôle (PC_b) = Prix payé – V_b

Au final, la création de valeur s'estime ainsi :

Création de valeur = Gain – Prime de contrôle – Coûts

Création de valeur = $V_{a+b} - V_a - V_b - PC_b$ – Coûts

B. Le paiement des actionnaires de la cible

En contrepartie des titres qu'ils apportent au repreneur, les actionnaires de la cible peuvent recevoir :
- du numéraire (de l'argent) ;
- des actions du repreneur ;
- une combinaison de numéraire et de titres.

L'intérêt d'un paiement en actions est qu'il évite au repreneur d'avoir à verser de l'argent aux actionnaires de la cible et donc de s'endetter ou de puiser dans sa trésorerie. L'inconvénient est qu'il modifie la structure de son actionnariat, les actionnaires de la cible devenant actionnaires du repreneur. Pour les actionnaires de la cible, le paiement en numéraire élimine tout aléa quand à leur rétribution. À l'inverse, le paiement en actions est source d'incertitude mais peut leur permettre de bénéficier dans le futur des effets positifs de la prise de contrôle, grâce à l'augmentation de valeur des actions du repreneur.

C. Le financement de l'opération

Pour financer la prise de contrôle, si cette dernière se fait par paiement en numéraire, le repreneur peut :
- procéder à une augmentation de capital, soit auprès de ses propres actionnaires, soit directement sur le marché ;
- s'endetter auprès de banques ou par l'émission d'un emprunt obligataire ;
- prélever sur sa trésorerie.

3 Les offres publiques

Les offres publiques ne concernent que les sociétés cotées. Par cette opération, un initiateur annonce au marché qu'il souhaite acquérir les actions d'une société donnée, à un certain prix. Les actionnaires de la société cible sont libres (sauf en cas de retrait obligatoire) d'accepter ou non les termes de l'offre, et donc de céder leurs actions à l'initiateur.

A. Intérêts et modalités des offres publiques

Le principal avantage de cette technique est sa rapidité. En l'espace de quelques semaines, il est possible d'acquérir la majorité du capital d'une société, alors même que ce dernier peut être dispersé auprès de plusieurs millions d'actionnaires. L'offre publique peut se faire par échanges de titres (OPE) ou contre du numéraire (OPA), ou par une combinaison des deux. Le projet d'offre doit être adressé à l'Autorité des Marchés Financiers (AMF) qui doit y apposer son visa.
Généralement, l'offre porte sur 100 % du capital de la cible, et l'offreur peut prévoir un seuil de renonciation (souvent 2/3 du capital de la cible) qui, s'il n'est pas atteint à l'issue de l'opération, la rend caduque. L'offre peut être à caractère amical ou hostile (si le conseil d'administration de la cible y est opposé). L'offre peut être suivie d'une surenchère de la part d'une autre entreprise.

B. Les différentes formes d'offres publiques

Il existe plusieurs formes d'offres publiques, selon le niveau de participation préalable de l'offreur dans le capital de la cible :
- l'offre publique normale : dès lors que l'offreur détient moins de 50 % du capital ou des droits de vote de la cible avant le lancement de l'offre. La durée de l'opération (période pendant laquelle les actionnaires de la cible peuvent apporter leurs titres à l'opération) est comprise entre 25 et 35 jours ;

- l'offre publique simplifiée : lorsque l'offreur détient préalablement plus de 50 % du capital ou des droits de vote. La durée de l'offre peut être limitée à 10 jours pour une OPA et 15 jours pour une OPE ;
- l'offre publique obligatoire : le lancement d'une offre publique est obligatoire dès lors qu'un actionnaire vient à dépasser le seuil de 1/3 du capital d'une société cotée, et à chaque fois qu'il acquiert plus de 2 % de son capital sur une période de 12 mois (s'il détient entre 1/3 et 50 % de son capital) ;
- l'offre publique par garantie de cours : dès lors qu'un actionnaire acquiert un bloc de titres lui conférant le contrôle d'une société cotée (par exemple, achat de 6 % du capital alors qu'il détient déjà 45 %), il doit lancer une offre publique sur le reste du capital, au prix auquel il a acquis le bloc de titres ;
- l'offre publique de retrait (OPR) : lorsqu'un actionnaire détient 95 % du capital d'une société cotée, une offre publique peut être lancée à l'initiative de l'actionnaire majoritaire (comme une offre simplifiée) ou à l'initiative des actionnaires minoritaires (qui souhaitent se retirer de la société) ;
- le retrait obligatoire : à l'issue de l'OPR, l'actionnaire majoritaire peut exproprier les minoritaires en les obligeant à lui vendre leurs actions. Mais, dans ce cas, le prix proposé doit faire l'objet de l'appréciation d'un expert indépendant.

Les opérations à effet de levier

Les opérations à effet de levier font référence aux acquisitions d'entreprises financées majoritairement par dettes. De façon plus générale, il existe trois types d'effet de levier dans ce type d'opérations : le levier financier (recours à l'endettement), le levier juridique (recours à une société holding) et le levier fiscal (imputation des intérêts de la dette sur les bénéfices de la cible). Les opérations de LBO (*Leveraged Buy-Out*) combinent ces trois effets de levier.

1 Les trois effets de levier

A. Le levier juridique

En droit des sociétés, le principe d'égalité de traitement des actionnaires aboutit à la règle suivante : une action égale un droit de vote. Le levier juridique permet d'utiliser les règles de droit afin d'aboutir à contrôler une entreprise sans avoir à en posséder la majorité du capital. Pour y parvenir, une société holding va être intercalée entre la cible et les repreneurs :

Acquisition en direct, sans recours à une holding de reprise :

Acquisition par le biais d'une holding :

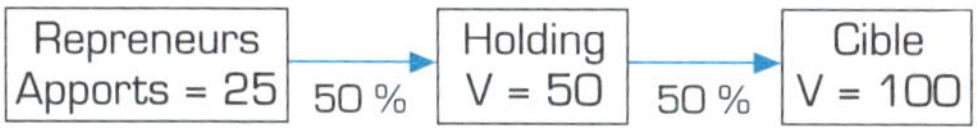

Alors qu'il faut faire un apport de 50 pour contrôler une société qui en vaut 100, le recours à une société holding permet de ramener la mise de fonds à 25, soit un effet de levier de 1 à 4. La limite de ce type de montage vient de la difficulté à trouver des actionnaires qui acceptent d'être minoritaires au niveau de la holding.

B. Le levier financier

Le levier financier consiste à financer une partie de l'acquisition par des dettes. Ces dettes peuvent être souscrites par les repreneurs ou la société holding. Dans ce dernier cas, le levier financier vient amplifier le levier juridique :

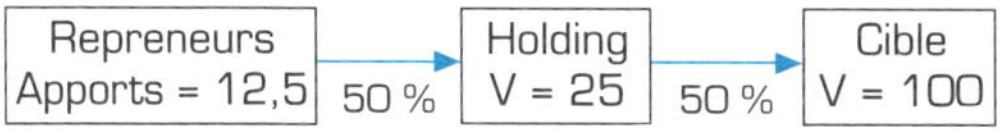

Le bilan de la holding se présente comme suit :

Bilan de la Holding			
Actions	50	Capital	25
		Dettes	25

Le levier passe ici de 1 à 8, puisqu'un apport de 12,5 permet de contrôler une société dont la valeur est de 100.
La holding n'ayant pas d'activité propre, le montage ne peut fonctionner que si la cible verse suffisamment de dividendes à la holding pour permettre à cette dernière de faire face au service de sa dette (intérêts et remboursement en capital).

C. Le levier fiscal

Le compte de résultat de la holding ne comporte comme produits que les dividendes reçus, et comme charges que les intérêts d'emprunts versés. Mais, du fait de l'application du régime fiscal des sociétés mères (valable à partir de 5 % dans le capital d'une filiale), les dividendes perçus ne sont pas des produits imposables (exonérés à hauteur de 95 %). Le résultat fiscal de la holding est ainsi structurellement déficitaire. Une façon de ne pas perdre ces déficits fiscaux est de pratiquer une intégration fiscale, ce qui permet d'imputer les déficits fiscaux de la holding sur les bénéfices de la cible, réduisant ainsi l'impôt total payé. Pour pouvoir bénéficier de ce régime, la holding doit être actionnaire de la cible à hauteur d'au moins 95 %.

2 Les opérations de LBO

Les opérations de LBO combinent ces trois effets de levier. Généralement, le ou les repreneurs s'associent à des partenaires financiers pour constituer le capital de la holding. L'acquisition de la cible par la holding se fait majoritairement par dettes et, pour le solde, par fonds propres. Les dettes en question sont remboursées à une échéance relativement courte (3-7 ans), de telle sorte que les partenaires financiers puissent revendre leurs actions rapidement et réaliser ainsi une plus-value significative.
L'originalité du montage vient du fait que c'est, finalement, la société cible qui finance principalement son propre rachat grâce aux dividendes qu'elle verse à la holding (et qui servent à rembourser les dettes).

A. La structuration du montage

Afin de structurer le montage, il est nécessaire de partir de la capacité de la cible à distribuer de façon régulière, dans le futur, des dividendes. À partir de là, il devient possible d'estimer la capacité d'endettement de la holding. Puis, par différence entre la valeur d'acquisition des titres de la cible et la capacité d'endettement de la holding, on obtient le niveau des fonds propres de cette dernière et donc le montant des apports à réaliser par les repreneurs.
Si D_t est le montant du dividende perçu par la holding qui sera affecté au service de la dette, sur *n* années, on obtient :

$$\text{Emprunt} = \sum_{t=1}^{n} \frac{D_t}{(1+R_d)^t}$$

Si la société pratique l'intégration fiscale, le taux R_d doit être un taux après impôt afin de tenir compte du fait que les intérêts permettront de réduire l'imposition globale. Dans le cas contraire, c'est le taux brut auquel la holding peut s'endetter qui est à retenir.

B. Le financement du montage

Dans les petites opérations, le financement se fait uniquement par dettes bancaires et fonds propres. Dans les opérations plus importantes, une troisième catégorie de financeurs peut intervenir : les mezzaneurs (créanciers juniors). Le financement mezzanine est intermédiaire entre la dette bancaire (dite senior) et les fonds propres en terme de risque, la dette mezzanine n'étant remboursable qu'une fois la dette bancaire d'acquisition remboursée. Pour compenser cette prise de risque supplémentaire, les mezzaneurs bénéficient d'une option leur permettant d'entrer dans le capital de la société au bout de quelques années, à des conditions définies dès le départ (on parle d'*equity kicker*). Cette option prend généralement la forme de bons de souscription d'actions (BSA). Ainsi, ils perçoivent des intérêts comme tout créancier et peuvent réaliser une plus-value (si le prix d'exercice des BSA est inférieur au cours de l'action à la date d'exercice) comme les actionnaires.

C. La rémunération des financeurs (le TRI)

La rémunération des différents apporteurs de fonds s'estime par le calcul du taux de rendement interne (TRI) des fonds qu'ils ont investis. Ce TRI correspond au taux qui égalise le montant investi et la valeur actualisée des flux obtenus ou espérés (selon que l'on se place *a posteriori* ou *a priori*) :

$$\text{Fonds investis} = \sum_{t=1}^{n} \frac{\text{Flux}_t}{(1+\text{TRI})^t}$$

Lorsque l'on raisonne *a priori*, compte tenu du niveau de risque pris par chaque catégorie d'apporteur de fonds :

TRI Actionnaires > TRI Mezzaneurs > TRI Créanciers seniors

MÉMO 22 Les opérations de restructuration

Les opérations de restructuration consistent à faire évoluer le périmètre de l'entreprise dans le but de créer de la valeur pour les actionnaires.

1 Les opérations affectant les filiales

Ces différentes opérations présentent un intérêt dès lors que la valeur des différentes sociétés du groupe après l'opération est supérieure à la valeur avant. Ces opérations sont principalement motivées par un problème d'asymétrie d'information. En principe, la valeur d'un groupe devrait être égale à la somme des valeurs des sociétés qui le composent. Dans les faits, il existe une décote car il est plus délicat de valoriser un groupe avec plusieurs activités qu'un groupe mono activité (*pure player*) :

$$V_{cp}\text{ Groupe} < V_{cp}\text{Mère} + \Sigma V_{cp}\text{Filiales}$$

Ces opérations permettent ainsi de constituer des *pure players*.

A. La scission

À l'occasion d'une scission, une société va disparaître et transmettre son patrimoine à deux sociétés ou plus. Les actionnaires de la société qui disparaît reçoivent, en contrepartie, des actions des sociétés bénéficiaires du patrimoine :

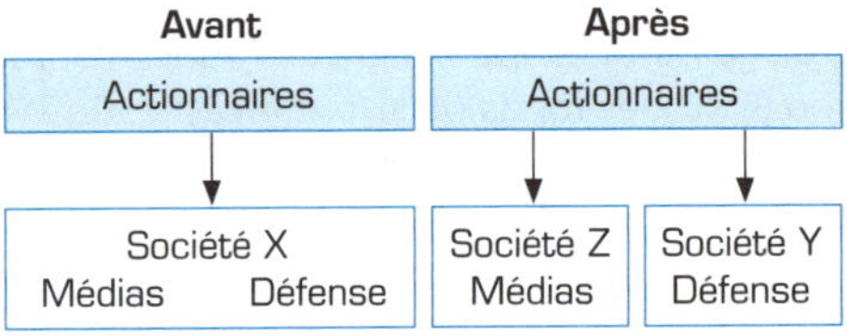

La situation des actionnaires change donc, puisqu'ils se retrouvent en possession d'actions de deux sociétés différentes.
Le régime fiscal des scissions est identique à celui des fusions.

Conditions du régime fiscal de faveur :
- la société scindée comprend au moins deux branches complètes d'activité ;
- les sociétés bénéficiaires de ces branches reçoivent les actifs et passifs qui s'y rapportent ;
- les principaux actionnaires s'engagent à conserver au moins 3 ans les titres reçus.

Conséquences du régime de faveur :
- sursis d'imposition pour les plus-values sur immobilisations non amortissables (terrains...) ;
- étalement sur 5 ans de l'imposition des plus-values sur immobilisations amortissables (15 ans pour les immeubles) ;
- sursis d'imposition pour les plus-values sur les titres reçus en échange.

Régime fiscal de droit commun :
les plus-values sur les immobilisations sont imposées (PV = valeur au moment de la scission – valeur nette comptable).

B. L'apport partiel d'actif

Avec un apport partiel d'actif, il y a apport d'une branche autonome d'activité, mais sans disparition de la société apporteuse. La société bénéficiaire procède alors à une augmentation de capital au profit de la société apporteuse. La société apporteuse se retrouve alors actionnaire de la société bénéficiaire. Pour les actionnaires de la société apporteuse, il n'y a donc aucun changement.

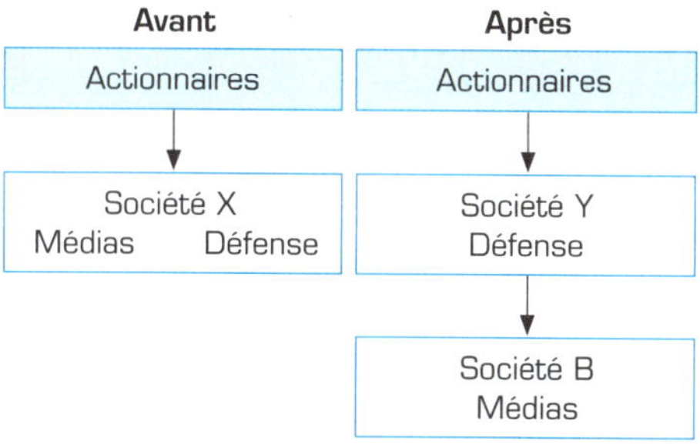

Cette technique est principalement utilisée pour filialiser une activité, éventuellement avant de la céder.

C. Le *spin-off*

Un *spin-off* consiste, pour une société mère, à distribuer à ses actionnaires les actions qu'elle détient sur une filiale, au prorata de leur participation dans le capital de la mère. Lorsque l'activité en question n'est pas filialisée, le préalable au *spin-off* est un apport partiel d'actif de l'activité à une filiale créée pour l'occasion.

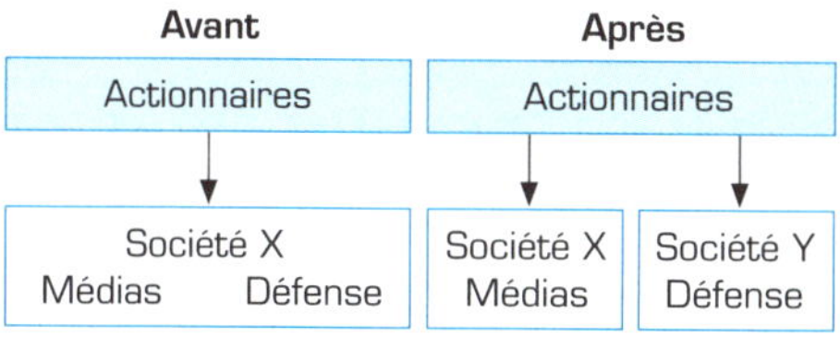

La différence avec une scission est qu'ici la société mère continue à exister. Fiscalement, l'attribution des actions de la société qui est l'objet du *spin-off* n'est pas considérée comme une distribution de dividendes. Par contre, lors de leur cession ultérieure, la plus-value sera calculée sur la base d'un prix d'acquisition nul.

D. Le *split-off*

Il s'agit d'une variante du *spin-off*, où seuls certains actionnaires reçoivent des actions de la filiale. En contrepartie, ils cessent d'être actionnaires de la société mère. L'opération permet ainsi de redistribuer le pouvoir au sein de la société mère, en faisant sortir certains actionnaires.

2 L'introduction en Bourse d'une filiale

L'introduction en bourse d'une filiale restant sous le contrôle de la société mère présente plusieurs avantages :
- grâce à la cotation de la filiale, le patrimoine de la mère est mieux valorisé puisqu'il existe alors un prix de marché pour sa participation ;
- l'introduction permet à la mère de récupérer des liquidités par la cession en Bourse d'une partie de ses actions ;
- la filiale gagne en autonomie et des mécanismes incitatifs (bonus, *stock-options*...) calés sur la performance boursière peuvent être mis en place au profit des managers.

3 Les opérations affectant le nombre d'actions

Afin de rendre le titre d'une action cotée en Bourse plus liquide, il est possible d'en diviser la valeur nominale afin d'en augmenter le nombre. Ceci fait mécaniquement baisser son cours boursier, rendant le titre plus accessible pour les petits investisseurs (qui achèteront plus facilement des actions cotant 100 € que 1 000 €).
L'incorporation de réserves au capital conduit également à modifier le nombre d'actions en circulation. En contrepartie de la transformation d'une partie des réserves en capital, les actionnaires de la société se voient offrir des droits d'attribution qu'ils peuvent soit exercer pour recevoir des actions gratuites, soit céder.

4 La titrisation

La titrisation consiste à transformer en titres (d'où son nom) des actifs détenus par l'entreprise. À l'origine, ces actifs étaient des créances hypothécaires (prêts immobiliers). Désormais, il peut s'agir de tout type d'actifs (immeubles, créances commerciales...).
La technique consiste pour l'entreprise à céder ces actifs à une société créée pour l'occasion. Cette dernière va en financer l'acquisition par l'émission de titres (actions ou obligations).

En France, la titrisation concerne principalement des créances et se fait au travers d'un type de société bien particulier, les fonds communs de titrisation (FCT) :

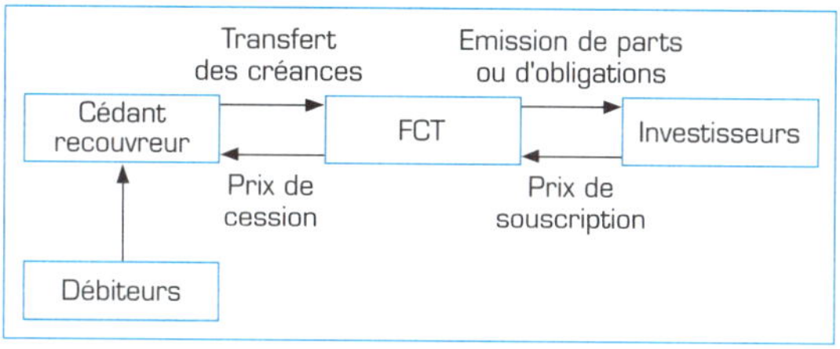

Afin de permettre aux investisseurs de placer leurs fonds de façon efficiente, et parce que l'activité du FCT ne consiste qu'à détenir des actifs pas ou peu liquides, le FCT doit faire l'objet d'une notation par une agence de *rating* (voir fiche 16). Les investisseurs dans le FCT seront rémunérés grâce aux fonds dégagés lors du règlement des créances.

Le bilan d'un FCT se présente comme suit :

Bilan du FCT			
		Capital	10
Créances	100	Obligations	90

MÉMO 23 Les innovations financières

Au cours de ces deux dernières décennies, le développement du numérique a révolutionné le secteur de la finance. De nouveaux services et acteurs sont apparus, notamment dans le domaine de la désintermédiation financière avec l'apparition de nombreuses plateformes de financement (*crowdfunding*), l'émergence de la *block-chain* et son corollaire, les cryptomonnaies.

1 FinTech

Le terme **FinTech** résulte de la contraction des mots « finance » et « technologie ». Les FinTech sont des *start-up* ou PME proposant des services financiers par l'intermédiaire de solutions numériques. On peut distinguer les FinTech BtoC (*Business to Consumer*), les FinTech BtoB (*Business to Business*), enfin les FinTech BtoBtoC (*Business to Business to Consumer*).

Les FinTech BtoC sont orientées vers les particuliers. On y trouve, par exemple, le service bancaire alternatif Nickel qui propose des comptes en banque distribués chez les buralistes ou encore les cagnottes en ligne comme Leetchi. Les FinTech BtoB s'adressent aux entreprises et proposent par exemple des transferts de devises en ligne (Kontox) ou de l'affacturage dématérialisé (Finexkop). Enfin, les FinTech BtoBtoC comme les plateformes de financement participatif mettent en lien les particuliers avec les entreprises à la recherche de financement.

Ces FinTech ont comme point commun de bouleverser l'environnement concurrentiel du secteur financier en proposant des services, soit qui n'existent pas, soit de meilleure qualité que ceux proposés par les acteurs classiques, soit à des tarifs bien moindres. Elles y parviennent grâce à l'automatisation des activités permise par le numérique et une agilité propre aux entreprises de petite taille.

2 Le *crowdfunding*

Le ***crowdfunding*** permet au porteur d'un projet ou à une entreprise de lever des fonds auprès d'un large public, désigné sous le terme de « foule » (*crowd*), par l'intermédiaire d'une plateforme en ligne. Ne recourant pas aux acteurs traditionnels du financement, il est dit désintermédié.

Sous ce terme générique, se trouvent trois grandes modalités de financement selon la contrepartie du financement et leur éventuelle rémunération.

Don	Prêt (*Crowdlending*)	Capitaux propres
Avec contrepartie	Sans intérêt	En capital (*Crowdequity*)
Sans contrepartie	Avec intérêts	En redevances (*royalties*)
Préachat	En obligations ou minibons	

Face au développement rapide de ce type de financement, bien que toujours très marginal en montant, les pouvoirs publics sont intervenus afin d'en réglementer le cadre d'exercice.

Le **don** consiste à apporter de l'argent pour aider à la création ou au développement d'un projet. Le montant n'est pas plafonné. Il peut s'accompagner ou non d'une contrepartie non financière (par exemple, le préachat du produit de la société qui est financée).
Avec le ***crowdlending***, l'entreprise peut s'endetter selon trois modalités différentes :

- Un **prêt « classique »** : le contributeur, personne physique, peut prêter jusqu'à 2 000 euros en cas de prêt rémunéré et 5 000 euros en cas de prêt non rémunéré. Seuls les porteurs de projets professionnels (entreprises ou professionnels indépendants) peuvent prétendre à des prêts avec intérêts. Le montant maximum que peut emprunter un porteur de projet est d'un million d'euros par projet, quel que soit le type de prêt (avec ou sans intérêts). Le porteur du projet reste responsable des remboursements à l'égard des prêteurs.
- Un **emprunt obligataire** : les obligations sont des titres de créance que l'entreprise s'engage à rembourser soit périodiquement (mensuellement, trimestriellement ou encore annuellement), soit *in fine*. Aucune durée maximale de remboursement n'est fixée. Ce mode de financement est ouvert aux entreprises de moins de 3 ans, contrairement à celui par minibons ;
- Les **minibons** : sont des titres nominatifs et non négociables, qui peuvent être émis par les sociétés par actions et les SARL (généralement exclues du financement obligataire) de plus de 3 ans, pour une durée maximale de 5 ans, qui portent un intérêt fixe et sont remboursables par amortissement au moins trimestriel. Une entreprise ne peut en émettre pour plus de 2,5 millions d'euros par période de 12 mois. Contrairement aux prêts, le plafond de souscription n'est pas limité à 2 000 € ou 5 000 €.

L'investissement en capitaux propres peut prendre deux formes. Le ***crowdequity*** permet d'entrer au capital d'une entreprise, qui peut ainsi lever jusqu'à 2,5 millions d'euros. Le **financement en *royalties*** ou *royalty crowdfunding* offre la possibilité aux porteurs de projets de lever des fonds, sans diluer leur capital, en reversant un pourcentage de leur chiffre d'affaires sur une période définie. Actuellement, une seule plateforme, WeDo-Good, propose ce type de financement en France. Le *crowdequity* représentait en 2018 plus de 97 % (46 millions d'euros) des montants collectés en fonds propres.

3 La *blockchain*

La ***blockchain*** (chaîne de blocs en français) est une technologie qui permet de stocker et transmettre des informations de manière transparente, sécurisée et sans organe central de contrôle. Sa particularité est que son architecture est décentralisée, c'est-à-dire qu'elle n'est pas hébergée par un serveur unique mais par une partie des utilisateurs. Il n'existe aucun intermédiaire, de sorte que chacun puisse vérifier lui-même la validité des informations de la chaîne. Les informations contenues dans les blocs sont enfin protégées par des procédés de cryptographie afin d'empêcher les utilisateurs de les modifier *a posteriori*.
Elle peut s'assimiler à une grande base de données partagée, qui contiendrait l'historique de tous les échanges entre ses utilisateurs, ce qui la rend non modifiable,

chacun pouvant en vérifier le contenu. Les données sont regroupées par blocs, eux-mêmes liés sous la forme d'une chaîne. Cette technologie peut être utilisée pour le transfert d'actifs, notamment des monnaies, la traçabilité d'actifs (d'aliments au travers d'un QR code, par exemple.) et l'exécution automatique de contrats.

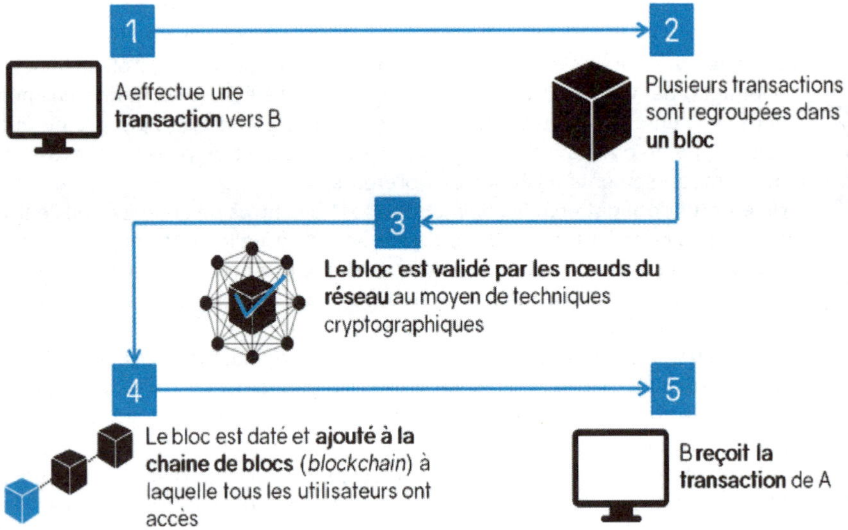

Blockchain France, 2016

L'utilisation la plus connue de la *blockchain* se trouve dans le domaine des cryptomonnaies (bitcoin, ethereum...).

4 Les cryptomonnaies

La **cryptomonnaie**, cybermonnaie ou encore monnaie cryptographique, est une monnaie numérique pouvant s'échanger sur un réseau décentralisé appelé « registre distribué » tel que la *blockchain* reposant sur un algorithme qui émet la monnaie, passe les transactions et valide l'authenticité de celles-ci. Elle est entièrement dématérialisée sans aucune forme physique (ni pièce, ni billet) et n'est pas émise par une banque centrale.

Cette monnaie est cryptée et n'est donc utilisable que par une personne possédant le code permettant de la décrypter. Elle peut être utilisée comme toute autre monnaie pour des achats, ventes, ou encore des opérations de prêts.

Le faible usage de ces cryptomonnaies est leur principale limite (peu de prix sont exprimés en cryptomonnaie), de même que leur forte volatilité et surtout la défiance qu'elles inspirent. Elles ne sont contrôlées ni par les banques, ni par les États et échappent donc à toute politique publique. Elles peuvent être utilisées, comme l'argent liquide, dans le cadre de transactions illicites.

La cryptomonnaie plus connue est le bitcoin, apparu en 2009.

Sommaire Exercices

La valeur

La valeur en finance

exo 01.01 Intérêts simples : rendement, date de placement, capital à placer

1. **Quel est l'intérêt procuré par le placement de 40 000 €, à 4 %, du 12 juin au 27 août de la même année ?**
2. **Un capital de 8 000 euros placé au taux de 7 % a acquis, le 30 septembre, une valeur de 8 141 €. À quelle date a été prêtée cette somme ?**
3. **Quel montant doit-on placer au taux de 4 % pendant 150 jours pour obtenir une valeur de 120 000 € ?**

exo 01.02 Intérêts composés : valeur acquise, capital à placer, mensualité

1. **Quelle sera la valeur acquise par un capital de 15 000 € placé au taux annuel de 4 %, au bout de 12 ans ?**
2. **Quel capital faut-il placer au taux de 3,5 % pour obtenir au bout de 10 ans 15 000 € ?**
3. **Quelle est la mensualité de remboursement d'un emprunt de 100 000 €, souscrit au taux annuel de 6 %, et remboursable sur 15 ans ?**

exo 01.03 Intérêts composés : détermination de la valeur acquise, solutions rationnelle et commerciale

Soit un capital de 1 000 euros placé à un taux annuel de 11,5 %.

1. **Calculer la valeur acquise au bout de 7 ans.**
2. **Calculer la valeur acquise au bout de 11 ans et 5 mois.**

exo 01.04 Intérêts composés : équivalence entre taux annuel et semestriel

Calculer le capital qui, au taux trimestriel de 2 % et au bout de 3 ans, a pour valeur acquise 10 000 euros, sachant que la capitalisation des intérêts est trimestrielle.

exo 01.05 Intérêts composés : valeur acquise, montant de l'annuité, détermination du taux d'intérêt et du nombre d'annuités

1. **Calculer la valeur acquise par le versement d'annuités de 2 000 €, placées au taux de 6 %, au bout de 15 ans.**
2. **Une série de 15 annuités au taux de 4,5 % a une valeur acquise de 104 000 €. Quel est le montant de l'annuité ?**

3. **Une série de 20 annuités d'un montant de 2 000 €, placées au taux R, a une valeur acquise de 116 000 euros. Quel est le taux R ?**
4. **La valeur acquise par *n* annuités de 3 500 € capitalisées au taux de 10 % est de 350 000 €. Combien y a t-il d'annuités ?**

exo 01.06 Intérêts composés : équivalence entre les taux d'intérêt, terme échu et terme à échoir

Calculer la valeur acquise par le versement de 20 trimestrialités de 500 € au taux annuel de 15 % :

1. **Si les versements se sont en fin de période (à terme échu).**
2. **Si les versements se font en début de période (à terme à échoir).**

exo 01.07 Intérêts composés : détermination du nombre d'annuités

Soit *n* annuités de 25 000 euros chacune, capitalisées au taux de 5 %, et qui ont une valeur acquise de 300 000 euros.

Calculer n.

exo 01.08 Intérêts composés : annuités suivant une progression géométrique

1. **Calculer la valeur acquise d'une suite de 15 annuités suivant une progression géométrique. Le premier versement est de 100 €, les versements se font sur 20 ans et la raison est de 1,1 (chaque année, le versement augmente de 10 %). Le taux d'intérêt est égal à 9 %.**
2. **Même question pour un taux d'intérêt de 10 %.**

La valeur et le risque

exo 02.01 Calcul du portefeuille de variance minimum

Calcul du portefeuille de variance minimum		
Probabilité	**Rentabilité de A**	**Rentabilité de B**
10 %	20 %	10 %
25 %	- 10 %	20 %
55 %	15 %	20 %
10 %	25 %	10 %

1. **Calculer l'espérance de rentabilité du titre A.**
2. **Calculer l'espérance de rentabilité du titre B.**

3. **Calculer la variance du titre A.**
4. **Calculer la variance du titre B.**
5. **Calculer la covariance entre les rentabilités de A et B.**
6. **Calculer la composition du portefeuille de variance minimum, son espérance et sa variance.**

La valeur des actions

exo 03.01 Le modèle du dividende actualisé à croissance unique

Le cours de l'action Alpha est de 79,50 €. Le dernier dividende distribué est de 2,5 €. Le taux de croissance du dividende anticipé pour l'avenir est supposé fixe et égal à 5 %. Le taux sans risque est de 5 %, la prime de risque du marché de 4,5 % et le bêta de l'action de 0,75.

1. **Calculer le taux de rendement requis par les actionnaires.**
2. **Évaluer l'action dans le cadre du modèle du dividende actualisé.**
3. **Calculer le taux de croissance implicite du dividende à partir du cours coté.**

exo 03.02 Le modèle du dividende actualisé à croissance multiple

Le dividende anticipé pour les 5 prochaines années pour la société Gamma est de 2,5 € pour N+1, 3 € pour N+2, 3,5 € pour N+3, 3,75 € pour N+4 et 4,25 € pour N+5. Par la suite, le taux de croissance du dividende est supposé constant et égal à 4,25 % par an. Le bêta de l'action est de 1,25, le taux sans risque de 4 % et la prime de risque du marché de 5 %.

Calculer la valeur de l'action.

exo 03.03 La valeur des opportunités de croissance

Le cours de l'action Tetra est de 105 €. Le bénéfice par action attendu pour les années prochaines est supposé fixe et égal à 8 €. Le taux sans risque est de 4 %, la prime de risque du marché de 5 % et le bêta de l'action de 0,85.

Calculer pour cette action, la valeur des opportunités de croissance.

La valeur des obligations

exo 04.01 Détermination du taux actuariel brut à l'émission, cours coté et coupon couru

Une entreprise a émis le 15 mars N des obligations ayant les caractéristiques suivantes :
Durée de vie : 15 ans
Valeur nominale : 1 500 €

Remboursement : *in fine* au pair
Taux nominal : 5,15 %
Valeur d'émission : 99,75 %
Valeur nominale : 1 500 €
Date de détachement du coupon : le 15 mars de chaque année.

1. **Quel est le taux actuariel brut à l'émission pour cette obligation ?**
2. **Le jeudi 12 juin N, un obligataire souhaite céder son obligation. Sachant que le cours coté ce jour là est de 100,25 %. Expliquer pourquoi le cours coté est supérieur à 100 %.**
3. **Calculer le coupon couru à cette date et la valeur de revente de cette obligation au 12 juin N.**

exo 04.02 Détermination de la valeur de revente, du cours, calcul de duration et de sensibilité

La société Omega a émis le 15 février N un emprunt obligataire. La valeur nominale des obligations est de 1 000 €, le taux nominal de 4,75 % (détachement du coupon annuel le 15 février), le remboursement se fera au pair le 15 février N+10. Le 29 juin N+6, le taux du marché pour des obligations de même classe de risque est de 4,25 %.

1. **Calculer la valeur de revente probable de cette obligation au 29 juin N+6. Quel sera son cours ? Pourquoi ce cours n'est-il pas égal à 100 % ?**
2. **Calculer la duration et la sensibilité de cette obligation au 29 juin N+6.**

Les options négociables

exo 05.01 Évaluation d'option : modèle binomial

Soit une option d'achat européenne sur l'action LALANE, dont le cours en bourse est de 13 euros, le prix d'exercice de 15 euros et l'échéance dans 3 mois. La volatilité de l'action est de 30 %. Le taux sans risque est de 5 %.

1. **Calculer les paramètres binomiaux.**
2. **Construire l'arbre de valeur de l'action, en décomposant le temps en 3 périodes.**
3. **Construire l'arbre de valeur de l'option et valoriser l'option.**

exo 05.02 Évaluation d'option : modèle de Black et Scholes

Soit une option d'achat européenne sur France Telecom, avec un prix d'exercice de 21 € et une échéance de 3 mois. Le cours de FT est de 23 € et sa volatilité est de 30 %. Le taux sans risque est de 4 %.
N(0,7481) = 0,7728 et N(0,5981) = 0,7251

Quelle est la valeur de l'option d'achat, dans le cadre du modèle de Black et Scholes ?

Diagnostic approfondi

Les états financiers consolidés

exo 07.01 Présentation du bilan consolidé

La société Mienvenu détient des participations dans trois sociétés, qu'elle a acquises lors de la création. Les bilans de ces sociétés sont présentés ci-après :

Bilan Mienvenu			
Immobilisations corp.	50 000	Capital	100 000
Titres de participation	115 500	Réserves	30 000
Actifs circulants	20 000	Résultat	20 000
		Dettes	35 500
	185 500		**185 500**

Bilan F1			
Immobilisations	9 000	Capital	10 000
Actifs circulants	4 500	Réserves	2 000
		Résultat	500
		Dettes	1 000
	13 500		**13 500**

Bilan F2			
Immobilisations	120 000	Capital	100 000
Actifs circulants	57 000	Réserves	30 000
		Résultat	7 000
		Dettes	40 000
	177 000		**177 000**

Bilan F3			
Immobilisations	300 000	Capital	200 000
Actifs circulants	40 000	Réserves	50 000
		Résultat	10 000
		Dettes	80 000
	340 000		**340 000**

Détail du poste « Titres de participation » de Mienvenu :

	% de contrôle	VNC
F1	55 %	5 500
F2	50 % (a)	50 000
F3	30 %	60 000

a Les 50 % restants sont détenus par un seul autre actionnaire.

Présenter le bilan consolidé du groupe. Aucune opération commerciale ou financière n'a eu lieu au cours de l'exercice entre les sociétés.

L'analyse des états financiers consolidés

exo 08.01 Capitaux investis, capitaux employés, décomposition de la rentabilité économique, décomposition de la rentabilité des capitaux propres

Les états financiers de la société RENUCA sont présentés ci-après. Un taux d'impôt sur les sociétés de 33 1/3 % sera retenu. La société possède des filiales à l'étranger mais son endettement est centralisé en France.

Compte de résultat	
Chiffre d'affaires	30 000
- Charges opérationnelles	- 27 000
= Résultat opérationnel courant	3 000
± Autres produits et charges opérationnels	500
= Résultat opérationnel	3 500
+ Produits de trésorerie	200
- Coût de l'endettement financier brut	- 1 000
= Coût de l'endettement financier net	- 800
± Autres produits et charges financiers	50
- Charge d'impôt	- 700
± Quote-part du résultat net des sociétés MEE	20
= Résultat net avant Résultat des activités arrêtées	2 070
± Résultat net d'impôt des activités arrêtées	30
= Résultat net (RN)	**2 100**
• Résultat net Part du Groupe	1 900
• Résultat net des Minoritaires	200

Actifs non courants	30 710	Capitaux propres (groupe)	7 100
écarts d'acquisition	3 400	capital	1 200
immobilisations incorporelles	100	primes	3 700
immobilisations corporelles	27 000	réserves	700
titres mis en équivalence	200	résultat net - Part du Groupe	1 500
impôts différés actifs	10		
		Intérêts minoritaires	580
Actifs courants	17 200		
stocks et en cours	600	Passifs non courants	22 460
clients et comptes rattachés	12 000	provisions pour retraites	1 060
autres créances	400	emprunts obligataires	19 000
disponibilités et trésorerie	4 200	impôts différés passifs	2 400
		Passifs courants	17 770
		fournisseurs et comptes rattachés	13 500
		dettes financières	4 270
	47 910		47 910

1. **Présenter le bilan par grandes masses, en faisant apparaître les capitaux investis et les capitaux employés.**
2. **Estimer la rentabilité économique et la décomposer.**
3. **Estimer la rentabilité des capitaux propres et la décomposer.**

Évaluation d'entreprise

L'évaluation d'entreprise

exo 10.01 Actualisation des flux de trésorerie disponibles

Le *business plan* de la société MANEOR fait ressortir les chiffres d'affaires prévisionnels suivants :

	1	2	3	4
Chiffre d'affaires	1 000	1 200	1 400	1 700

Le taux de marge brute d'exploitation (EBE/CA) est de 30 %. Les dotations annuelles aux amortissements sont de 100 et seront considérées comme stables dans le temps. Les investissements futurs doivent permettre de maintenir constante la VNC des immobilisations. Le taux de l'impôt sur les bénéfices est de 33 1/3 % et le coût du capital de 14 %. Le besoin en fonds de roulement représente 10 % du chiffre d'affaires (il est de 90 pour l'année 0). À compter de l'année 4, les flux de trésorerie augmenteront à un taux annuel de 2 %. Les dettes financières s'élèvent à 200.

1. **Construire le tableau des flux de trésorerie disponibles.**
2. **Estimer la valeur de marché des capitaux propres de la société.**

exo 10.02 Approches comparatives

Pour évaluer la société PIGAM, vous constituez un échantillon de trois sociétés comparables (A, B et C), et retenez comme inducteur de valeur le chiffre d'affaires et le résultat net.

	PIGAM	A	B	C
Chiffre d'affaires	1 200	1 000	1 500	2 000
Résultat net	400	500	600	900
Cours	?	10	2	40
Nbre d'actions		1 000	6 600	540
Dettes financières	1 200	2 000	600	4 000

1. **Calculer les multiples sectoriels.**
2. **Estimer la valeur de PIGAM sur la base de ces deux multiples.**

exo 10.03 Approches patrimoniales

Les actifs de la société BORLEIN se décomposent comme suit :

	VNC	Valeur réévaluée
Immobilisations incorporelles	300	0
Immobilisations corporelles	1 800	2 600
Immobilisations financières	700	700
Actifs circulants	900	800

Les immobilisations corporelles comprennent un immeuble (VNC = 600) dont la cession est prévue prochainement, pour un prix de 900. Les autres actifs sont nécessaires à l'exploitation. Les dettes totales de la société s'élèvent à 400. Le résultat net de l'exercice est de 420 et sera distribué à hauteur des 3/4 aux actionnaires. Pour le calcul du *goodwill*, il sera tenu compte d'un résultat prévisionnel d'exploitation de 450, de CPNE d'un montant de 3 000, d'un taux de rémunération des CPNE de 7 % et d'un taux d'actualisation des rentes de 11 %. Les rentes seront considérées constantes sur un horizon de 5 ans, puis nulles.

1. **Estimer l'ANR.**
2. **Estimer le goodwill.**

EXOS 4 Investissement et financement

Le coût du capital

exo 11.01 Détermination du coût moyen pondéré du capital

Le bêta de l'action de la société Poulain est de 1,2 et sa structure financière, en valeurs de marché, est composée de 75 % de capitaux propres pour 25 % de dettes financières. Elle s'est endettée il y a 2 ans au taux de 8 % mais, compte tenu de la conjoncture et de sa situation actuelle, elle serait désormais en mesure de prétendre à un taux de 6 %. Le taux des OAT 10 ans est de 4 % et la prime de risque du marché de 5,5 %. Le taux de l'impôt sur les bénéfices est de 33 1/3 %.

1. **Calculer le coût des fonds propres de la société.**
2. **Calculer le coût du capital de la société.**

exo 11.02 Détermination du coût moyen pondéré du capital

Le cours de l'action de la société Guillbaud est de 15 € et son bêta de 1,4. Son capital est constitué de 1 million d'actions et ses dettes financières (qui portent un intérêt de 10 %) s'élèvent à 5 M €. Elle peut désormais s'endetter au taux de 8 %. Le taux des OAT 10 ans est de 4 % et la prime de risque du marché de 5,5 %. Le taux de l'impôt sur les bénéfices est de 33 1/3 %.

1. **Calculer le coût des fonds propres de la société.**
2. **Calculer le coût du capital de la société.**

exo 11.03 Détermination du coût du capital d'un projet à partir d'un échantillon d'entreprises comparables

L'entreprise Delta envisage de se lancer dans un nouveau secteur d'activité. Afin d'estimer le coût du capital de ce projet, elle dispose d'informations concernant des sociétés intervenant dans le même secteur d'activité.

Sociétés	Bêta des capitaux propres	$V_{cp} / (V_{cp} + V_{df})$
Alambra	1,25	0,45
Barbara	1,19	0,35
Catara	1,22	0,40

Le bêta des dettes de ces entreprises est nul. Le taux sans risque est estimé à 5 % et la prime de risque du marché à 6 %.

1. **Calculer le bêta moyen du secteur d'activité.**
2. **Sachant que le projet devrait être financé à 38 % par dettes, calculer le coût du capital pour ce projet.**

Le choix d'investissement

exo 12.01 Calcul des caractéristiques et des critères de rentabilité d'un projet d'investissement

L'entreprise Gestin envisage le lancement d'un nouveau produit. Cette nouvelle production nécessite la construction d'un atelier supplémentaire. Le coût de la construction est évalué à 1 800 K € (amortissable sur 20 ans) et les machines à 3 600 K € (amortissables sur 10 ans). L'atelier serait construit sur un terrain évalué à 60 K € appartenant à l'entreprise et dont la valeur devrait augmenter de 3 % par an. L'augmentation du chiffre d'affaires résultant de la commercialisation du nouveau produit est donnée en K € dans le tableau suivant :

Années	Ventes
N+1	900
N+2	2 400
N+3	3 600
N+4	2 700

Les charges d'exploitation représentent 40 % du chiffre d'affaires, il n'y a pas de charges fixes, le BFRE représente 60 jours du chiffre d'affaires de l'année suivante. Le coût du capital est estimé à 15 %. Le taux d'imposition est de 33 1/3 %.
La valeur vénale de l'atelier équipé (hors terrain) est estimée au bout des quatre ans à 3 900 K €.

1. **Calculer le capital investi dans ce projet.**
2. **Calculer les flux de trésorerie d'exploitation dégagés chaque année.**
3. **Calculer la valeur résiduelle.**
4. **Calculer la VAN, le TIR et l'indice de profitabilité de ce projet.**

exo 12.02 Cas de résultat d'exploitation négatif

L'entreprise Jezequel étudie l'opportunité du lancement d'un nouveau produit. Pour évaluer la valeur actuelle nette, elle cherche à évaluer les excédents nets d'exploitation du projet d'investissement. Le chiffre d'affaires résultant de la commercialisation du nouveau produit est donné en K € dans le tableau suivant :

Années	Ventes
N+1	600
N+2	900
N+3	1 200
N+4	900

Les charges d'exploitation représentent 20 % du chiffres d'affaires, les charges fixes annuelles s'élèvent à 300 K € et les dotations aux amortissements à 210 K €.
Le taux d'imposition est de 33 1/3 %.

1. **Calculer les excédents nets d'exploitation si le lancement du produit se fait dans le cadre d'une création d'entreprise.**
2. **Recalculer ces ENE dans le cas où l'entreprise Jezequel existe déjà et qu'elle prévoit de dégager des bénéfices importants sur les quatre prochaines années sur ses autres activités.**

Le choix d'investissement (difficultés)

exo 13.01 Détermination du coût moyen pondéré du capital à partir des données d'une d'entreprise comparable

Le cours de l'action de la société Guillbaud est de 15 € et son bêta de 1,4. Son capital est constitué de 1 million d'actions et ses dettes financières (qui portent un intérêt de 10 %) s'élèvent à 5 M€. Elle peut désormais s'endetter au taux de 8 %. Le taux des OAT 10 ans est de 4 % et la prime de risque du marché de 5,5 %. Le taux de l'impôt sur les bénéfices est de 33 1/3 %.
Finalement, il semble plus pertinent, pour estimer le coût du capital de la société Guilbaud de travailler sur les données d'un de ses principaux concurrents, la société Rouart. Le bêta de l'action de Rouart est de 1,2, son levier d'endettement (V_{df}/V_{cp}) est de 0,4 et elle peut s'endetter au taux de 6,2 %.

1. **Calculer le bêta de l'actif de Rouart.**
2. **Calculer le coût des fonds propres de Guilbaud (à partir du β_a).**
3. **Calculer le coût du capital de Guilbaud.**

Les modes de financement

exo 14.01 Augmentation de capital avec droit de préférentiel de souscription

L'entreprise Divana décide de procéder à une augmentation de capital en numéraire. Avant cette opération, le capital de la société était constitué de 15 000 actions de valeur nominale 400 €. Le cours de l'action avant l'opération était de 450 €.
5 000 actions sont émises à un prix de 440 €.

1. **Quelle est la valeur théorique de l'action après l'augmentation de capital ?**
2. **Quelle est la valeur théorique du droit préférentiel de souscription ?**
3. **Montrer que l'opération est sans impact sur la richesse d'un actionnaire qui détenait 45 actions avant l'augmentation de capital si les valeurs cotées de l'action et du droit sont égales aux valeurs théoriques calculées *supra*.**

4. Si, immédiatement après l'opération, le cours ex droit s'établit à 447 € et celui du droit à 3 €, quelles sont les deux stratégies qui s'offrent à un investisseur détenant 60 actions anciennes et désirant obtenir 20 actions supplémentaires ?

exo 14.02 Modalité de remboursement d'emprunt

Le directeur financier de l'entreprise Mégalo décide de contracter un emprunt de 450 000 euros pour une durée de 5 ans. Il hésite quant au choix du mode de remboursement (amortissement constant, annuité constante ou remboursement *in fine*). Le taux d'intérêt serait de 7 %.

Construire le tableau d'amortissement de l'emprunt dans les trois cas de figure.

exo 14.03 Impact de la structure financière sur la valeur de l'entreprise

On étudie deux entreprises, dégageant le même résultat d'exploitation (REX) et dont le risque d'exploitation est le même. Elles diffèrent uniquement par leur structure financière. L'entreprise NE (non endettée) se finance en totalité par des capitaux propres tandis que l'entreprise E se finance par capitaux propres et dettes.
Les caractéristiques de ces deux entreprises sont données dans le tableau suivant :

	Entreprise NE	Entreprise E
Résultat d'exploitation (REX)	20 000	20 000
Nombre d'actions	200	100
Cours de l'action	1 000	1 333,33
Valeur des capitaux propres (Vcp)	200 000	133 333
Nombre d'obligations		100
Cours de l'obligation		800
Taux d'intérêt = i		5 %

L'intégralité du résultat est distribuée sous forme de dividendes.

Calculer les rentabilités des deux stratégies s'offrant à un actionnaire détenant 1 % du capital de E :
- **conserver ses actions de E ;**
- **revendre ses actions de E et s'endetter pour acquérir des actions de NE. Qu'en déduit-on ?**

exo 14.04 Augmentation de capital

La société Da Silva dispose d'un capital d'un million d'euros (100 000 actions de 10 €). Le 1er septembre N, elle réalise une augmentation de capital en émettant 40 000 actions au prix de 16 €. Avant l'opération, la valeur de marché des capitaux propres (V_{cp}) est estimée à 1,8 M€.

1. Estimer la valeur de l'action après l'opération.

2. **Estimer la valeur théorique du droit préférentiel de souscription (DPS).**
3. **Comment doit procéder un investisseur qui souhaite entrer dans le capital de la société à hauteur de 1 000 actions ?**

exo 14.05 Double augmentation de capital

La société Lesdiguières a été créée en N-6, avec un capital de 100 000 €, divisé en 10 000 actions. En N-3, elle a procédé, pour la première fois, à une augmentation de capital en numéraire. En N+1, elle décide de réaliser une double augmentation de capital successive (par apport en numéraires et incorporation de réserve). Elle s'interroge sur l'ordre de ces deux augmentations.

Extrait du bilan N :
Capital 140 000
Prime 80 000
Réserve légale 14 000
Réserve facultative 180 000
Résultat de l'exercice 50 000
L'incorporation des réserves porterait sur 100 000 euros (ou légèrement moins).
L'augmentation de capital en numéraire doit permettre d'obtenir 300 000 euros de nouveaux fonds. Avant les opérations, la valeur de marché des capitaux propres de la société est estimée à 756 000 €.

1. **Dans quelles conditions s'est faite l'augmentation de capital de N-3 (prix et nombre d'actions) ?**
2. **Si l'augmentation en numéraire est faite en premier, et sans DPS, quelle sera la valeur d'une action après les deux opérations ? Présenter la structure des capitaux propres.**
3. **Si l'augmentation en numéraire est faite en premier, au prix de 48 €, quelle sera la valeur d'une action après les deux opérations ? Présenter la structure des capitaux propres.**
4. **Si l'augmentation par incorporation se fait en premier, à quel prix seront émises les actions de numéraire s'il n'y a pas de DPS ? Présenter la structure des capitaux propres.**

La couverture du risque de change

exo 15.01 *Forwards*

Une entreprise italienne facture aujourd'hui à une entreprise américaine une vente de 450 000 USD. La facture sera réglée dans cinq mois. Le taux de change au comptant est de USD 1 = 0,6327 EUR.
Le taux *forward* à cinq mois est de USD 1 = 0,6335 EUR.
Le taux de change *spot* observé à l'échéance est de USD 1 = 0,6225 EUR.

1. **Quel serait le résultat de l'opération si l'opérateur choisit de ne pas se couvrir ?**
2. **Calculer le gain ou la perte réalisé en cas de couverture par une vente de *forward* en faisant apparaître le résultat sur l'opération de change et le résultat sur l'opération de couverture.**

exo 15.02 Options sur devises

Un exportateur français encaissera le règlement d'une facture de 750 000 USD dans six mois. Il craint une dépréciation du dollar mais voulant pouvoir tirer profit d'une éventuelle appréciation de cette devise, il décide de se couvrir grâce à un contrat conditionnel. Il achète une option *Call* EUR/*Put* USD, échéance six mois, prime : 2,5 %, nominal 7 50 000 USD, prix d'exercice USD 1 = 0,655 EUR. Le taux de change au comptant est de USD 1 = 0,6327 EUR.

1. **Quel est le coût de la couverture ?**
2. **Quel sera le dénouement de l'opération, si dans cinq mois, le taux de change est de USD 1 = 0,625 EUR.**
3. **Quel sera le dénouement de l'opération, si dans cinq mois, le taux de change est de USD 1 = 0,675 EUR.**

La couverture du risque de taux d'intérêt

exo 16.01 FRA

Un trésorier envisage de placer 5 M € dans quatre mois pour une période de 5 mois. Il veut se protéger d'une baisse des taux, il vend donc un FRA à sa banque. Le taux prêteur (*offer*) à 4 mois sur le marché est de 4,751 % et le taux emprunteur (*bid*) à 9 mois est de 4,752 %.

1. **Quel est l'intérêt maximum que va garantir la banque à son client ?**
2. **Que se passera-t-il à l'échéance si le taux de référence est de 4,58 % et que le taux garanti correspond au maximum possible ?**
3. **Quel se passera-t-il à l'échéance si le taux de référence est de 4,78 % et que le taux garanti correspond au maximum possible ?**

exo 16.02 Options sur taux d'intérêt sur le marché de gré à gré

Un trésorier prévoit un excédent de trésorerie de 1 M € dans six mois pour trois mois. Il craint une chute des taux d'intérêt et achète une option de prêt de taux garanti de 4,73 %, d'une valeur nominale de 1 M €, de durée de vie de six mois, ayant pour sous-jacent l'Euribor trois mois et une prime de 0,3 %.

1. **Quel est le montant de la prime qu'il doit payer ?**
2. **Quel sera le dénouement de sa position à l'échéance de l'option si l'Euribor trois mois est égal à 4,75 % ?**
3. **Quel sera le dénouement de sa position à l'échéance de l'option si l'Euribor trois mois est égal à 4,69 % ?**

Ingénierie financière

La politique de dividendes

exo 18.01 Affectation du résultat

Les capitaux propres au 31 décembre N de la société Tanguy se constituent comme suit :

Capital (10 000 actions) :	2 000 000
Réserve légale :	190 000
Autres réserves :	8 000
Report à nouveau :	- 2 000
Résultat :	320 000

Les statuts prévoient un intérêt statutaire de 4 %. Les actionnaires, réunis en AGO, décident du versement d'un superdividende de 20 € par action et d'une dotation à la réserve facultative de 10 000 € et le report à nouveau du solde.

Calculer les différentes affectations du résultat.

exo 18.02 La neutralité des programmes de rachats d'actions

Une société a un capital de 20 millions d'actions cotées 40 €. Elle dispose d'une trésorerie non nécessaire à son exploitation de 90 M € et ses dettes se montent à 50 M €. Elle envisage d'utiliser cette trésorerie pour procéder à un programme de rachat d'actions.

1. **Calculer la valeur globale de cette entreprise (VGE).**
2. **Quel est le cours de l'action après le rachat d'actions ?**
3. **Quel est le cours de l'action si l'entreprise choisit de verser les 90 M € sous forme de dividendes ?**

La gestion de la valeur de l'action

exo 19.01 Détermination du coût du capital et EVA

Les données prévisionnelles de la société FERAN sont données dans le tableau ci-après (en K €) :

Années	Actif économique	Résultat opérationnel
N+1	710	100
N+2	730	115
N+3	750	130
N+4	780	145
N+5	810	150

La structure financière de la société est composée de 60 % de fonds propres pour 40 % de dettes financières (qui portent intérêt à 9 %). Le taux des OAT 10 ans est de 4 %, la prime de risque du marché de 5 %, le bêta de l'action FERAN de 1,3 et le taux d'imposition est de 33 1/3 %. Compte tenu de sa situation financière, elle peut s'endetter au taux de 7 %. L'actif économique à la fin de l'année N s'élevait à 650 K €.

1. **Calculer le coût du capital de la société.**
2. **Calculer les EVA pour les cinq années à venir.**

exo 19.02 Options réelles

Soit un projet d'investissement dont les flux de trésorerie pour les 3 prochaines années sont résumés dans le tableau ci-après :

M €	1	2	3
Flux	250	300	400

Au-delà de ces 3 années, il est prudent de considérer que le projet ne dégagera plus aucun flux. Le coût du projet est de 700 M €, son coût du capital de 13 %, sa volatilité de 30 % et le taux des OAT 10 ans de 4 %.
Chaque année, les managers ont la possibilité d'étendre le projet. Ceci leur coûte 250 M € mais leur permet d'accroître la valeur du projet de 25 %.

1. **Quelle est la valeur et la VAN du projet (sans prise en compte de l'option d'expansion) ?**
2. **Estimer les paramètres binomiaux du projet.**
3. **Construire l'arbre d'événement et l'arbre de décision de ce projet.**
4. **Quelle est la valeur de l'option d'expansion ?**

Les fusions-acquisitions

exo 20.01 Fusion

Les sociétés Hitchner et Walhen ont décidé de fusionner. Leurs *business plans* respectifs sont donnés ci-après :

HITCHNER	1	2	3	4
Flux de trésorerie disponibles (M €)	30	32	36	39
Croissance au-delà de l'année 5 :	2,5 %			
Coût du capital :	10 %			
Dettes financières (M €) :	75			

WALHEN	1	2	3	4
Flux de trésorerie disponibles (M €)	10	12	15	17
Croissance au-delà de l'année 5 :	1 %			
Coût du capital :	11 %			
Dettes financières (M €) :	30			

La fusion doit permettre de réaliser des synergies qui se traduiraient par un supplément annuel de FTD de 2 M € et un coût du capital pour le nouveau groupe de 10 %. La croissance à long terme du nouveau groupe peut être estimée à 3 % par an. Hitchner est prêt à verser 150 M € pour acquérir Walhen. Les coûts associés à cette opération sont d'environ 2 M €.

1. **Valoriser les deux sociétés**
2. **Cette opération est-elle rentable pour Hitchner ?**

Les opérations à effet de levier

exo 21.01 LBO

La société Amestoy va faire l'objet d'un rachat à 100 % par LBO, pour un montant d'un million d'euros. Compte tenu de son *business plan*, on estime que sa capacité à distribuer des dividendes sur les prochaines années est :

K €	1	2	3	4	5	6
Dividendes	100	110	120	130	140	150

Il est prudent de considérer que 80 % de ces dividendes seront consacrés au service de la dette d'acquisition (sur 6 ans, au taux de 9 %). Le taux d'impôt sur les bénéfices est de 33 1/3 %.

Calibrer le montage de telle sorte que les apports de fonds soient les plus faibles possibles.

exo 21.02 Dette mezzanine

La société Grunberg a été acquise pour 150 M € par le biais d'un LBO financé à 60 % par une dette bancaire (sur 6 ans), 15 % par une dette mezzanine et pour le solde par fonds propres. La dette mezzanine correspond à des OBSA (obligations à bons de souscription d'actions) qui procurent un coupon annuel de 4 % et qui seront remboursées, *in fine*, dans 7 ans. Les BSA qui y sont attachés permettront de souscrire à 200 000 actions pour 50 € l'unité. Le capital de la société est actuellement composé de 800 000 actions.
Il est prévu un PER de sortie, dans 7 ans, de 20. À cette date, le résultat net est anticipé à 10 M €. Aucun dividende ne sera perçu par les actionnaires de la holding de reprise au cours des 6 prochaines années.

Quel est le TRI anticipé par le mezzaneur et les apporteurs en fonds propres ?

Les opérations de restructuration

exo 22.01 Augmentation de capital

La société Da Silva dispose d'un capital d'un million d'euros (100 000 actions de 10 €). Le 1er septembre N, elle réalise une augmentation de capital en émettant 40 000 actions au prix de 16 €. Avant l'opération, la valeur de marché des capitaux propres (V_{cp}) est estimée à 1,8 M €.

1. **Estimer la valeur de l'action après l'opération.**
2. **Estimer la valeur théorique du droit préférentiel de souscription (DPS).**
3. **Comment doit procéder un investisseur qui souhaite entrer dans le capital de la société à hauteur de 1 000 actions ?**

exo 22.02 Double augmentation de capital

La société Lesdiguières a été créée en N-6, avec un capital de 100 000 €, divisé en 10 000 actions. En N-3, elle a procédé, pour la première fois, à une augmentation de capital en numéraire. En N+1, elle décide de réaliser une double augmentation de capital successive (par apport en numéraires et incorporation de réserve). Elle s'interroge sur l'ordre de ces deux augmentations.
Extrait du bilan N :

Capital	140 000
Prime	80 000
Réserve légale	14 000
Réserve facultative	180 000
Résultat de l'exercice	50 000

L'incorporation des réserves porterait sur 100 000 euros (ou légèrement moins). L'augmentation de capital en numéraire doit permettre d'obtenir 300 000 euros de nouveaux fonds. Avant les opérations, la valeur de marché des capitaux propres de la société est estimée à 756 000 €.

1. **Dans quelles conditions s'est faite l'augmentation de capital de N-3 (prix et nombre d'actions) ?**
2. **Si l'augmentation en numéraire est faite en premier, et sans DPS, quelle sera la valeur d'une action après les deux opérations. Présenter la structure des capitaux propres.**
3. **Si l'augmentation en numéraire est faite en premier, au prix de 48 €, quelle sera la valeur d'une action après les deux opérations. Présenter la structure des capitaux propres.**
4. **Si l'augmentation par incorporation se fait en premier, à quel prix seront émises les actions de numéraire s'il n'y a pas de DPS. Présenter la structure des capitaux propres.**

Études de cas

Cas 01 Diagnostic financier, coût du capital, évaluation d'entreprise

Créé en 1902, Air Liquide, qui compte près de 40 000 collaborateurs, développe avec ses actionnaires des relations de confiance et de transparence, dans le respect des principes de gouvernement d'entreprise. Depuis la publication des premiers comptes consolidés en 1971, le Groupe a maintenu une croissance régulière de ses résultats. En 2007, son chiffre d'affaires s'est élevé à 11 801 millions d'euros dont près de 80 % hors de France. Air Liquide est coté à la Bourse de Paris et membre des indices CAC 40 et Eurostoxx 50. En juin 2008, le cours de l'action est de 94 euros.
Le capital de la société est composé de 260 504 389 actions. Il est prévu que son chiffre d'affaires augmente de 9 % en 2008, puis de 8 % les années suivantes. Le taux de marge opérationnelle (résultat d'exploitation/CA) sera de 15 % en 2008 et 2009, puis de 16 %. La politique d'investissement de l'entreprise est soutenue depuis plusieurs années et sera stable désormais, à 12 % du CA. Dans le même temps, les dotations aux amortissements vont connaître une croissance de 1 point chaque année, pour passer de 8 % du CA en 2008 à 12 % en 2012. À compter de cette année là, les investissements viendront compenser les dotations aux amortissements. Le taux de BFR est considéré comme stable dans le temps, à 17 % du CA (y compris en 2007). Compte tenu de l'environnement économique favorable, l'hypothèse d'une croissance constante de 5 % des FTD au-delà de la période de prévision sera retenue.
Le taux sans risque est de 4,2 %, la prime de risque du marché de 5,5 %, le bêta du titre de 0,9, le taux auquel l'entreprise peut s'endetter de 5,2 % et le taux de l'impôt sur les sociétés du groupe est de 30 %. Pour l'estimation du coût du capital, une structure financière cible composée de 80 % de fonds propres et de 20 % de dettes financières sera retenue.
Les calculs de FTD seront effectués en arrondissant à l'entier le plus proche. La valeur comptable des dettes financières et engagements envers les salariés sera assimilée à leur valeur de marché.

Compte de résultat Air Liquide, du 1er janvier au 31 décembre 2007	
En millions d'euros	**2007**
Chiffre d'affaires	11 801,2
Achats	- 4 547,9
Charges de personnel	- 2 037,8
Autres produits et charges d'exploitation	- 2 485,5
Résultat opérationnel courant avant amortissements	2 730,0
Dotations aux amortissements	- 935,9
Résultat opérationnel courant	1 794,1
Autres produits et charges opérationnels	- 5,3
Résultat opérationnel	1 788,8
Coût de l'endettement financier net	- 179,4

En millions d'euros	2007
Autres produits et charges financiers	- 54,3
Charge d'impôt	- 411,8
Quote-part du résultat net des sociétés mises en équivalence	26,7
Résultat net avant résultat des activités abandonnées ou en cours de cession	1 170,0
Résultat net d'impôt des activités abandonnées ou en cours de cession	
Résultat net	**1 170,0**
Intérêts minoritaires	46,9
Part du Groupe	1 123,1

Bilan Air Liquide, au 31 décembre 2007 En millions d'euros	31 déc. 2007
Écarts d'acquisition	3 642,7
Autres immobilisations incorporelles	706,0
Immobilisations corporelles	8 392,2
Actifs non courants :	**12 740,9**
Actifs financiers non courants	220,6
Titres mis en équivalence	140,3
Impôts différés actif	357,6
Autres actifs non courants :	**718,5**
TOTAL DES ACTIFS NON COURANTS	**13 459,4**
Stocks et en-cours	795,9
Clients	2 738,3
Autres actifs courants	465,0
Impôt courant actif	36,7
Instruments dérivés actif	69,5
Trésorerie et équivalents de trésorerie	726,9
TOTAL DES ACTIFS COURANTS	**4 832,3**
TOTAL DES ACTIFS	**18 291,7**

En millions d'euros	31 déc. 2007
Capitaux propres du Groupe	
Capital	1 313,6
Primes	5,9
Réserves	4 100,7
Actions propres	- 215,0
Résultat net - part du Groupe	1 123,1
Capitaux propres du Groupe	**6 328,3**
Intérêts minoritaires	148,1
TOTAL DES CAPITAUX PROPRES (a)	**6 476,4**
Provisions et avantages au personnel	1 718,6
Impôts différés passif	1 037,0
Emprunts et dettes financières non courantes	4 992,7
Autres passifs non courants	163,0
TOTAL DES PASSIFS NON COURANTS	**7 911,3**
Provisions et avantages au personnel	168,9
Fournisseurs	1 680,7
Autres passifs courants	1 436,8
Impôt à payer	187,4
Dettes financières courantes	371,5
Instruments dérivés passif	58,7
TOTAL DES PASSIFS COURANTS	**3 904,0**
TOTAL DES PASSIFS ET DES CAPITAUX PROPRES	**18 291,7**

En tant qu'analyste financier, vous êtes chargé d'évaluer la société afin d'indiquer s'il s'agit d'une bonne ou mauvaise opportunité d'investissement. Pour cela, vous procéderez de la façon suivante :

1. **Calcul de sa rentabilité économique et de sa rentabilité des capitaux propres :**
   a. **Reconstruction du bilan par grandes masses.**
   b. **Estimation du résultat économique après impôt.**
   c. **Calcul des rentabilités.**
   d. **Décomposer ces rentabilités en inducteurs.**
2. **Estimation du coût du capital de la société.**
3. **Construction du tableau des flux de trésorerie disponibles (FTD) de 2008 à 2012.**
4. **Évaluation des capitaux propres par l'actualisation des FTD.**

Cas 02 Cas de synthèse : marché notionnel, options sur actions (d'après DECF 1993)

Partie A

La société Kevin possède un portefeuille d'obligations d'une valeur nominale de 9 500 000 € environ, à la date du 1er septembre N. Anticipant une hausse des taux d'intérêt, le trésorier de la société envisage d'intervenir sur le marché Eurext de Francfort et de vendre des contrats sur emprunt notionnel (valeur nominale du contrat sur emprunt notionnel : 100 000 €).

L'opération est réalisée le 4 septembre N, au cours de 102,86 €, échéance décembre.

Les cours de compensation sont de :

- 102,82 € le 4 septembre N ;
- 102,96 € le 5 septembre N ;
- 102,76 € le 6 septembre N ;
- 102,66 € le 7 septembre N.

Pour dénouer son opération, le trésorier rachète les contrats le 10 décembre N, au cours de 100,48 €, échéance décembre.

1. **Expliquer en quoi consiste une opération de couverture. Face à quels types de risques une société peut-elle être amenée à se couvrir ?**
2. **Déterminer, par un calcul simple, le nombre de contrats que la société doit acheter.**
3. **Calculer les appels de marge quotidiens et le résultat global de l'opération. Conclure.**

Partie B

La société Kevin souhaite, par ailleurs, accroître la rentabilité de son portefeuille d'actions et décide de réaliser une opération sur Euronext derivatives. À cet effet, elle achète 10 options d'achat sur les titres de la société M le 26 septembre N, aux conditions suivantes :

- prix d'exercice : 180 € ;
- prime : 25 € ;
- échéance : décembre.

1. **Sachant qu'une option porte sur 100 titres, calculer le montant total de la prime versée par la société.**
2. **Début décembre, le cours se stabilise autour de 210 €. Analyser les deux possibilités qui s'offrent alors à la société.**
3. **Dans l'hypothèse où la société exercerait ses options, représenter graphiquement le résultat obtenu en fonction du cours de l'action.**
4. **Finalement, la société décide d'exercer ses options alors que l'action cote 215 €.**

a) Calculer le gain réalisé par la société.
b) Le vendeur des options d'achat avait acheté les titres 190 € l'un ; calculer le résultat qu'il réalise.
c) Quel aurait été le résultat s'il n'avait pas possédé les titres ?
d) Conclure sur l'objectif recherché par le vendeur des options.

Cas 03 Cas de synthèse : financement obligataire, OBSA, couverture du risque de change (d'après DECF 1991, adapté)

La société anonyme SA Met est une entreprise industrielle appartenant au secteur de la métallurgie. Après une progression régulière, son chiffre d'affaires est voisin de 200 millions d'euros en N et ce développement doit encore se poursuivre.

Partie 1 : Financement obligataire

Pour faire face à son développement, la société envisage de réaliser de nouveaux investissements dont la rentabilité prévisionnelle a été jugée satisfaisante. La société, pour assurer une partie du financement nécessaire, envisage de faire appel à un emprunt-obligations à bons de souscription d'actions.

L'émission porterait sur 20 000 obligations ayant les caractéristiques suivantes :
- Nominal : 2 000 € ;
- Taux d'intérêt : 0,75 % ;
- Émission au pair ;
- Bon de souscription : 1 bon est attaché à chaque obligation, 2 bons donnant droit de souscrire une action de nominal 1 000 €, au prix de 3 800 €, du 1er décembre N jusqu'au 31 décembre N+1.

1. **Quels sont les avantages et les inconvénients de ce type d'opération financière pour l'entreprise et pour les souscripteurs ? À quelle condition l'opération se réalisera-t-elle dans son ensemble ?**
2. **Calculer le montant total des fonds obtenus par la société, au 31 décembre N+2, si l'opération se réalise (on fera abstraction des frais).**
3. **Dans le cadre des hypothèses suivantes :**
   - **les obligations ne sont pas assorties de bons ;**
   - **le taux nominal est de 1 % ;**
   - **les obligations sont toutes remboursées au pair, à la fin de la 7e année (amortissement *in fine*), déterminer quel devrait être le prix d'émission pour que le taux actuariel brut de l'emprunt soit de 1,25 % ?**
4. **D'une manière générale, indiquer comment évolue le cours des obligations en fonction du taux d'intérêt pratiqué sur le marché financier.**

Partie 2 : Couverture du risque de change

Alors que les ventes à l'exportation ont toujours été facturées en euros, la société *Met* reçoit, le 12 janvier N, une importante commande d'un client américain. Or celui-ci exige que la facturation soit faite en USD (dollars). Le montant de cette commande s'élève à 200 000 USD et est payable dans 90 jours. Cours du change le 12 janvier N : 1 USD = 0,9461 EUR (euros).

1. Définir le risque que fait courir à la société Met l'acceptation de cette commande.

2. Consciente de ce risque, la société Met peut :

a. décider, délibérément, de ne prendre aucune mesure préventive. Comment peut-on qualifier cette décision et comment se justifie-t-elle ?

b. décider de couvrir ce risque et, pour cela, elle a recensé les possibilités suivantes :

- **S'adresser à la COFACE (Compagnie française d'assurances pour le commerce extérieur), laquelle propose les conditions suivantes : cours garanti : 1 USD = 0,9461 EUR ; prime : 0,17 %. Expliquer le principe de couverture COFACE.**
- **S'adresser à sa banque, laquelle suggère :**

- soit une opération à terme ferme, avec : cours du dollar à 3 mois : 1 USD = 0,9511 EUR. De quelle opération précise s'agit-il ? Quel est son principe ? Conséquences ?

- soit une option de change (européenne) : cours d'exercice : 0,9528 EUR ; prime : 0,03 EUR par USD. Définir la nature de l'option considérée et expliquer son « mécanisme ». Conséquences ?

3. Pour chacune des quatre hypothèses précédentes, indiquer comment se dénouerait la situation, au moment du règlement de la commande, dans les deux cas de figure suivants :

- 1 USD = 0,8501 EUR ;

- 1 USD = 0,9985 EUR.

4. Si l'opération sur option de change était faite dans un but purement spéculatif (c'est-à-dire en dehors de toute préoccupation de couverture), quelle serait la motivation de l'opérateur ?

Déterminer l'équation du résultat (R) qui serait obtenu en fonction du cours du change (x) à l'échéance. Faire le graphique correspondant.

Corrigés des exos

exo 01.01 Intérêts simples : rendement, date de placement, capital à placer

Formule générale :

$$\text{Intérêts} = \frac{\text{Capital} \times \text{Taux} \times \text{Durée du placement}}{\text{Durée d'une période}}$$

1. Rendement d'un placement

Entre le 12 juin et le 27 août, il y a : (30 - 12) + 31 + 27 = 76 jours

Intérêts = [40 000 × 0,04 × 76]/365 = 333,15 €

2. Date d'un prêt

Intérêts : 8 141 - 8 000 = 141 €

Durée du prêt : [141 × 365]/[8 000 × 0,07] = 92 jours

Date du prêt : 91 jours avant le 30 septembre, soit le 1er juillet.

3. Montant à placer

$$120\,000 = C + \frac{C \times 0,04 \times 150}{365} \text{ d'où : } C = \frac{120\,000 \times 365}{360 + 0,04 \times 150} = 118\,059,30$$

exo 01.02 Intérêts composés : valeur acquise, capital à placer, mensualité

1. Valeur acquise

$V_{12} = 15\,000 \times (1 + 0,04)^{12} = 24\,015,48$ €

2. Valeur actuelle

$V_0 = 15\,000 \times (1 + 0,035)^{-10} = 10\,633,78$ €

3. Mensualité d'un emprunt

Taux équivalent mensuel : $R_m = (1 + 0,06)^{1/12} - 1 = 0,487\,\%$

Nombre de mensualités : 12 × 15 = 180

$$100\,000 = M \times \frac{1-(1,00487)^{-180}}{0,00487} \text{ d'où } M = 100\,000 \times \frac{0,00487}{1-(1,00487)^{-180}} \text{ d'où : } M = 835,45\text{ €}$$

exo 01.03 Intérêts composés : détermination de la valeur acquise, solutions rationnelle et commerciale

1. Calcul de la valeur acquise au bout de 7 ans

$V_7 = V_0 \times (1 + R)^7 = 1\,000 \times (1{,}115)^7 = 2\,142{,}52$ €

2. Calcul de la valeur acquise au bout de 11 ans et 5 mois

Solution rationnelle :

$$V_{11+\frac{5}{12}} = V_{11} + V_{11} \times R \times \frac{5}{12} = V_{11} \times \left(1 + 11{,}5\% \times \frac{5}{12}\right) = 1\,000 \times 1{,}115^{11} \times \left(1 + 11{,}5\% \times \frac{5}{12}\right) = 3\,470{,}17\text{ €}$$

Solution commerciale :

$$V_{11+\frac{5}{12}} = V_0 \times (1 + R)^{11+\frac{5}{12}} = 1\,000 \times (1{,}115)^{11+\frac{5}{12}} = 3\,465{,}14\text{ €}$$

exo 01.04 Intérêts composés : équivalence entre taux annuel et semestriel

Trois ans correspondent à 12 trimestres.

$V_{12} = V_0 \times (1 + R_T)^{12} = V_0 \times (1{,}02)^{12} = 10\,000$

$$V_0 = \frac{10\,000}{1{,}02^{12}} = 7\,884{,}93$$

exo 01.05 Intérêts composés : valeur acquise, montant de l'annuité, détermination du taux d'intérêt et du nombre d'annuités

1. Calcul de la valeur acquise au bout de 15 ans

$$V_{15} = A \times \frac{(1 + R)^{15} - 1}{R} = 2\,000 \times \frac{(1{,}06)^{15} - 1}{0{,}06} = 46\,551{,}94$$

2. Calcul du montant de l'annuité

$$V_{15} = A \times \frac{(1 + R)^{15} - 1}{R} = 104\,000$$

$$A = V_{15} \times \frac{R}{(1 + R)^{15} - 1} = 104\,000 \times \frac{0{,}045}{1{,}045^{15} - 1} = 5\,003{,}84$$

3. Calcul du taux R

$$V_{20} = A \times \frac{(1 + R)^{20} - 1}{R} \rightarrow 116\,000 = 2\,000 \times \frac{(1 + R)^{20} - 1}{R}$$

d'où : R = 10,11 %.

4. Calcul du nombre d'annuités

$$350\,000 = 3\,500 \times \frac{1{,}1^n - 1}{0{,}1} \rightarrow \frac{350\,000 \times 0{,}1}{3\,500} + 1 = 1{,}1^n$$

$$n = \frac{\text{Ln}\left(\frac{V_n \times R}{A} + 1\right)}{\text{Ln}(1 + R)} = \frac{\text{Ln}\left(\frac{350\,000 \times 0{,}1}{35000} + 1\right)}{\text{Ln}(1{,}1)} = 25{,}1588$$

Première solution : 25 annuités avec majoration de la dernière.

Calcul de la majoration : $350\,000 - 3\,500 \times \frac{1{,}1^{25} - 1}{0{,}1} = 5\,785{,}29$

Soit 24 annuités de 3 500 et la dernière de 9 285,29.
Deuxième solution : 26 annuités avec minoration de la dernière.

Calcul de la minoration : $3\,500 \times \frac{1{,}1^{26} - 1}{0{,}1} - 350\,000 = 32\,136{,}18$

Cette minoration conduit à une dernière annuité négative, ce qui n'est pas possible.

exo 01.06 Intérêts composés : équivalence entre les taux d'intérêt, terme échu et terme à échoir

Calcul du taux trimestriel équivalent au taux annuel de 15 %
$R_T = (1 + R_A)^{1/4} - 1 = 3{,}5558\ \%$

1. Calcul de la valeur acquise pour des versements de fin de période

$$V_{20} = A \times \frac{(1 + R_T)^{20} - 1}{R_T} = 500 \times \frac{1{,}035558^{20} - 1}{0{,}035558} = 14\,221{,}19$$

2. Calcul de la valeur acquise pour des versements de début de période

$$V_{20} = A \times \frac{(1 + R_T)^{20} - 1}{R_T} \times (1 + R) = 14\,221{,}19 \times 1{,}035558 = 14\,726{,}87$$

exo 01.07 Intérêts composés : détermination du nombre d'annuités

Calcul du nombre d'annuités

$$n = \frac{\text{Ln}\left(\frac{V_n \times R}{A} + 1\right)}{\text{Ln}(1 + R)} = \frac{\text{Ln}\left(\frac{300\,000 \times 0{,}05}{25\,000} + 1\right)}{\text{Ln}(1{,}05)} = 9{,}633$$

Première solution : versement de 9 annuités avec majoration de la dernière.
Calcul de la majoration de la dernière annuité :

$$300\,000 - 25\,000 \times \frac{1{,}05^9 - 1}{0{,}05} = 24\,335{,}89$$

Soit 8 annuités de 25 000 et la dernière de 49 335,89.
Deuxième solution : 10 annuités avec minoration de la dernière.
Calcul de la minoration :

$$25\,000 \times \frac{1{,}05^{10} - 1}{0{,}05} - 300\,000 = 14\,447{,}31$$

Soit 9 annuités de 25 000 € et une dixième de 10 552,69 €.

exo 01.08 Intérêts composés : annuités suivant une progression géométrique

1. Calcul de la valeur acquise pour un taux de 9 %

$$V_{20} = A_1 \times \frac{q^{20} - (1 + R)^{20}}{q - (1 + R)} = 100 \times \frac{1{,}1^{20} - (1{,}09)^{20}}{1{,}1 - 1{,}09} = 11\,230{,}89$$

2. Calcul de la valeur acquise pour un taux de 10 %

Lorsque $(1 + R) = q$

$V_n = A_1 \times n \times q^{n-1}$

$V_{20} = A_1 \times n \times q^{19} = 100 \times 20 \times 1{,}1^{19} = 12\,231{,}81$

exo 02.01 Calcul du portefeuille de variance minimum

1. Calcul de l'espérance de la rentabilité de A

$E(R_A) = 0{,}1 \times 20\,\% - 0{,}25 \times 10\,\% + 0{,}55 \times 15\,\% + 0{,}1 \times 25\,\% = 10{,}25\,\%$

2. Calcul de l'espérance de rentabilité de B

$E(R_B) = 0{,}1 \times 10\,\% + 0{,}25 \times 20\,\% + 0{,}55 \times 20\,\% + 0{,}1 \times 10\,\% = 18\,\%$

3. Calcul de la variance de la rentabilité de A

$Var(R_A) = 0{,}1 \times (20\,\%)^2 + 0{,}25 \times (-10\,\%)^2 + 0{,}55 \times (15\,\%)^2 + 0{,}1 \times (25\,\%)^2 - (10{,}25\,\%)^2$
$= 1{,}462\,\%$

4. Calcul de la variance de la rentabilité de B

$Var(R_B) = 0{,}1 \times (10\,\%)^2 + 0{,}25 \times (20\,\%)^2 + 0{,}55 \times (20\,\%)^2 + 0{,}1 \times (10\,\%)^2 - (18\,\%)^2$
$= 0{,}16\,\%$

5. Calcul de la covariance entre les rentabilités de A et de B

$Cov(R_A, R_B) = 0{,}1 \times (20\,\% \times 10\,\%) + 0{,}25 \times (-10\,\% \times 20\,\%) + 0{,}55 \times (15\,\% \times 20\,\%)$
$+ 0{,}1 \times (25\,\% \times 10\,\%) - (10{,}25\,\% \times 18\,\%) = -0{,}245\,\%$

6. Calcul de la composition du portefeuille de variance minimum

$$w_A = \frac{Var(R_B) - Cov(R_A, R_B)}{Var(R_A) + Var(R_B) - 2 \times Cov(R_A, R_B)} = \frac{0{,}16\ \% + 0{,}245\ \%}{1{,}462\ \% + 0{,}16\ \% + 2 \times 0{,}245\ \%} = 19{,}18\ \%$$

et donc $w_B = 1 - w_A = 80{,}82\ \%$

Espérance du portefeuille de variance minimum

$E(R_p) = w_A E(R_A) + w_B E(R_B) = 19{,}18\ \% \times 10{,}25\ \% + 80{,}82\ \% \times 18\ \% = 16{,}51\ \%$

Variance du portefeuille de variance minimum

$Var(R_p) = w^2_A \sigma^2_A + w^2_B \sigma^2_B + 2 w_A\, w_B\, Cov(R_A, R_B)$

$Var(R_p) = (19{,}18^2 \times 1{,}462\ \%) + (80{,}82^2 \times 0{,}16\ \%) + 2 \times (19{,}18\ \% \times 80{,}82\ \% \times (-0{,}245\ \%)) = 0{,}0823\ \%$

Le portefeuille de variance minimum a bien un risque inférieur aux risques des titres qui le composent.

exo 03.01 Le modèle du dividende actualisé à croissance unique

1. Calcul du taux de rendement requis par les actionnaires

$R_c = R_f + \beta_c \times PR_m = 5\ \% + 0{,}75 \times 4{,}5\ \% = 8{,}375\ \%$

2. Valeur de l'action

$$V_0 = \frac{D_1}{R_c - g} = \frac{D_0\,(1 + g)}{R_c - g} = \frac{2{,}5 \times 1{,}05}{8{,}375\ \% - 5\ \%} = 77{,}78\ €$$

3. Calcul du taux de croissance implicite

$$V_0 = \frac{D_0\,(1 + g)}{R_c - g}$$

$V_0 \times (R_c - g) = D_0\,(1 + g)$

$V_0 \times R_c - V_0 \times g = D_0 + D_0 \times g$

$$g = \frac{V_0 \times R_c - D_0}{D_0 + V_0} = \frac{79{,}5 \times 8{,}375\ \% - 2{,}5}{2{,}5 + 79{,}5} = 5{,}07\ \%$$

exo 03.02 Le modèle du dividende actualisé à croissance multiple

Valeur de l'action

$R_c = R_f + \beta_c \times PR_m = 4\ \% + 1{,}25 \times 5\ \% = 10{,}25\ \%$

$$V_0 = \sum_{t=1}^{n} \frac{D_t}{(1 + R_c)^t} + \frac{D_{n+1}}{R_c - g} \times (1 + R_c)^{-n}$$

$$V_0 = \frac{2{,}5}{1{,}1025} + \frac{3}{1{,}1025^2} + \frac{3{,}5}{1{,}1025^3} + \frac{3{,}75}{1{,}1025^4} + \frac{4{,}25}{1{,}1025^5} + \frac{4{,}25 \times 1{,}0425}{10{,}25\ \% - 4{,}25\ \%} \times 1{,}1025^{-5} = 57{,}83$$

exo 03.03 La valeur des opportunités de croissance

Valeur des opportunités de croissance (VAOC)

$R_c = R_f + \beta_c \times PR_m = 4\,\% + 0{,}85 \times 5\,\% = 8{,}25\,\%$

$$VAOC = Cours - \frac{BPA}{R_c} = 105 - \frac{8}{8{,}25\,\%} = 8{,}03\ €$$

exo 04.01 Détermination du taux actuariel brut à l'émission, cours coté et coupon couru

1. Calcul du taux actuariel brut à l'émission

$$VE = \sum_{t=1}^{n} \frac{coupon_t}{(1 + TAB)^t} + \frac{PR}{(1 + TAB)^n} = (VN \times i) \times \frac{1 - (1 + TAB)^{-n}}{TAB} + PR \times (1 + TAB)^{-n}$$

$$99{,}75\,\% \times 1\,500 = (1\,500 \times 5{,}15\,\%) \times \frac{1 - (1 + TAB)^{-15}}{TAB} + 1\,500 \times (1 + TAB)^{-15}$$

$$1\,496{,}25 = 77{,}25 \times \frac{1 - (1 + TAB)^{-15}}{TAB} + 1\,500 \times (1 + TAB)^{-15}$$

Soit un TAB de 5,174 %.

2. Cours coté supérieur à 100 %

L'obligation peut coter plus que sa valeur nominale s'il y a eu une baisse des taux sur le marché obligataire. Dans ce cas, les obligations de même classe de risque émises aujourd'hui servent un taux d'intérêt plus faible. Une seconde explication possible est une amélioration de la situation financière de l'entreprise émettrice, qui a vu son risque de crédit chuter et donc sa notation s'améliorer.

3. Calcul du coupon couru au 12 juin N + 3

$$CC = VN \times i \times \frac{x}{365}$$

Avec x le nombre de jours entre la date du dernier détachement de coupon (15 mars N + 3) et le 12 juin N + 3, plus deux jours ouvrés soit :

16 jours pour mars
30 jours pour avril
31 jours pour mai
12 jours pour juin
+ 2 jours ouvrés (vendredi, samedi, dimanche, lundi, mardi), soit 4 jours calendaires.
= 93 jours.

$$CC = 1\,500 \times 5{,}15\,\% \times \frac{93}{365} = 19{,}68\ €$$

Coupon couru en pourcentages :

$$CC = i \times \frac{x}{365} = 5{,}15\ \% \times \frac{93}{365} = 1{,}312\ \%$$

Calcul de la valeur de revente le 12 juin N + 3 :

V = (Cours coté ex coupon + coupon couru en %) × valeur nominale

V = 100,25 % + 1,312 % = 101,562 %

Soit : 101,562 % × 1 500 = 1 523,43 euros.

exo 04.02 Détermination de la valeur de revente, du cours, calcul de duration et de sensibilité

1. Calcul de la valeur de revente au 29 juin N+6

$$V = \sum_{t=1}^{n} \frac{VN \times i}{(1 + Tx)^{t-1+j}} + \frac{PR}{(1 + Tx)^{n-1+j}}$$

où *j* représente la fraction d'année séparant la date à laquelle est estimée l'obligation et la date du prochain détachement du coupon, Tx, le taux pratiqué sur le marché pour des obligations similaires et *n* est le nombre de coupons restant à payer.

Ici *j* correspond au nombre de jours entre le 29 juin N+6 et 15 février N+7.

Soit 231 jours et il reste 4 coupons à verser.

$$V = \sum_{t=1}^{4} \frac{1000 \times 4{,}75\%}{(1 + 4{,}25\%)^{t-1+\frac{231}{365}}} + \frac{1000}{(1 + 4{,}25\%)^{4-1+\frac{231}{365}}}$$

$$V = (1 + 4{,}25\%)^{1-\frac{231}{365}} \times \left[1000 \times 0{,}0475 \times \frac{1 - 1{,}0425^{-4}}{0{,}0425} + \frac{1000}{1{,}0425^{4}}\right] = 1033{,}72$$

2. Calcul de la valeur la duration et de la sensibilité

Période	Flux	Flux actualisé	Flux actualisé pondéré
231/365	47,5	46,265	29,280
1 + 231/365	47,5	44,379	72,4654
2 + 231/365	47,5	42,569	112,081
3 + 231/365	1 047,5	900,504	3 271,422
Total		1 033,718	3 485,248
Duration			**3,371**
Sensibilité			**– 3,234**

exo 05.01 Évaluation d'option : modèle binomial

1. Les paramètres binomiaux

- Mouvement binomial à la hausse (u) : $u = e^{0,3 \times \sqrt{0,25/3}} = 1,090$
- Mouvement binomial à la baisse (d) : $d = e^{-0,3 \times \sqrt{0,25/3}} = 0,917$
- Probabilité de hausse (p) : $p = \dfrac{e^{0,05 \times 0,25/3} - 0,917}{1,090 - 0,917} = 0,504$

2. Arbre de valeur de l'action

t = 0	t = 1	t = 2	t = 3
			16,86
		15,46	
	14,18		14,18
13,00		13,00	
	11,92		11,92
		10,93	
			10,03

3. Arbre de valeur de l'option

t = 0	t = 1	t = 2	t = 3
			1,86
		0,93	
	0,46		0,00
0,23		0,00	
	0,00		0,00
		0,00	
			0,00

Détail des calculs :

Au niveau le plus haut, nous sommes à l'échéance (t = 3) et la valeur de l'action est de 16,86 €. Il y a donc intérêt à exercer l'option, qui vaut : 16,86 - 15 = 1,86.

Par contre, toujours à l'échéance, si le cours de l'action est de 14,18 €, l'option ne présente pas d'intérêt et a une valeur nulle.

Au nœuds d'avant (t = 2), la valeur de l'option est égale à la valeur actualisée (en temps continu) des valeurs des deux options du nœud suivant soit, pour le nœud le plus haut :

$$V = e^{-0,05 \times 0,25/3} \times [0,504 \times 1,86 + (1 - 0,504) \times 0] = 0,93$$

Et ainsi de suite. La valeur de l'option à la date 0 est donc de 0,23 euros.

exo 05.02 Évaluation d'option : modèle de Black et Scholes

$$d_1 = \frac{\text{Ln}\frac{S_0}{K} + \left(r + \frac{\sigma^2}{2}\right) \times T}{\sigma \times \sqrt{T}} = \frac{\text{Ln}\frac{23}{21} + \left(0{,}04 + \frac{0{,}3^2}{2}\right) \times \frac{3}{12}}{0{,}3 \times \sqrt{3/12}} = 0{,}7481$$

$$d_2 = d_1 - \sigma\sqrt{T} = 0{,}5981$$

Call = $S_0 \times N(d_1) - K \times e^{-rT} \times N(d_2) = 23 \times 0{,}7728 - 21 \times e^{-0{,}04 \times 3/12} \times 0{,}7251 =$ 2,70 €

exo 07.01 Présentation du bilan consolidé

1. Consolidation de F1 (par intégration globale)

Partage des capitaux propres :

Capital :	10 000
Réserves :	2 000
Total	12 000

Réserves consolidées : 12 000 × 55 % - 5 500 (VNC) = 1 100
Intérêts minoritaires : 12 000 × 45 % = 5 400
Partage du résultat :
Résultat net - part du groupe : 500 × 55 % = 275
Intérêts minoritaires : 500 × 45 % = 225
Les actifs et les dettes sont consolidés à 100 %.

2. Consolidation de F2 (par intégration proportionnelle)

Actifs immobilisés : 120 000 × 50 % = 60 000
Actifs circulants : 57 000 × 50 % = 28 500
Réserves consolidées : (100 000 + 30 000) × 50 % - 50 000 (VNC) = 15 000
Résultat net - part du groupe : 7 000 × 50 % = 3 500
Dettes consolidées : 40 000 × 50 % = 20 000

3. Consolidation de F3 (par mise en équivalence)

Quote-part dans les capitaux propres : (200 000 + 50 000 + 10 000) × 30 % = 78 000
Réserves consolidées : (200 000 + 50 000) × 30 % - 60 000 (VNC) = 15 000
Quote-part du résultat dans les sociétés MEE : 10 000 × 30 % = 3 000

4. Bilan consolidé

Immobilisations : 50 000 (Mère) + 9 000 (F1) + 60 000 (F2) = 119 000
Titres de participation : 0
Titres mis en équivalence : 78 000 (F3)
Actifs circulants : 20 000 (Mère) + 4 500 (F1) + 28 500 (F2) = 53 000
Total actif : 250 000
Capital : 100 000
Réserves consolidées : 30 000 (M) + 1 100 (F1) + 15 000 (F2) + 15 000 (F3) = 61 100
Résultat net-part du groupe : 20 000 (M) + 275 (F1) + 3 500 (F2) + 3 000 (F3) = 26 775
Intérêts minoritaires : 5 400 (F1) + 225 (F1) = 5 625
Dettes : 35 500 (M) + 1 000 (F1) + 20 000 (F2) = 56 500
Total passif : 250 000

exo 08.01 Capitaux investis, capitaux employés, décomposition de la rentabilité économique, décomposition de la rentabilité des capitaux propres

1. Présentation du bilan par grandes masses

Immobilisations d'exploitation :	**30 500**	**Capitaux propres (groupe)**	**7 100**
écarts d'acquisition	3 400	**Intérêts minoritaires**	**580**
immobilisations incorporelles	100		
immobilisations corporelles	27 000	**Dettes financières :**	**24 330**
		provisions pour retraites	1 060
BFRE :	**- 500**	emprunts obligataires	19 000
stocks et en cours	600	dettes financières	4 270
clients et comptes rattachés	12 000		
autres créances	400	**Capitaux employés :**	**32 010**
fournisseurs et comptes rattachés	- 13 500		
Trésorerie :	**4 200**		
Capitaux investis :	**34 200**		
Actifs nets hors exploitation :	**- 2 190**		
titres mis en équivalence	200		
impôts différés actifs	10		
impôts différés passifs	- 2 400		
Total :	**32 010**		

2. Estimation de la rentabilité économique et sa décomposition

Coût de l'endettement financier brut	1 000
Impôt associé au coût de l'endettement	333
Charge d'impôt (d'après compte de résultat)	700
Impôt sur le résultat économique :	**1 033**

Résultat opérationnel	3 500
+ produits de trésorerie	200
± Autres produits et charges financiers	50
- Impôt sur le résultat économique	- 1 033
= Résultat économique après impôt	**2 717**

Résultat économique après impôt (a)	2 717
Capitaux investis (b)	34 200
Capitaux employés (c)	32 010
Rentabilité économique des CI (ROIC)	**7,94 %**
Rentabilité économique des CE (ROCE)	**8,49 %**

La rentabilité économique peut se décomposer en deux inducteurs :

$$K_a = \text{Taux de marge} \times \text{Taux de rotation des capitaux investis}$$

$$K_a = \frac{\text{Résultat économique}}{\text{Chiffre d'affaires}} \times \frac{\text{Chiffre d'affaires}}{\text{Capitaux investis}}$$

Taux de marge opérationnelle	9,06 %
Taux de rotation des capitaux investis	0,88

3. Estimation de la rentabilité des capitaux propres et sa décomposition

$$K_c = \frac{\text{Résultat net Part du groupe}}{\text{Capitaux propres Groupe}}$$

Résultat net Part du Groupe	1 900
Capitaux propres (groupe)	7 100
Rentabilité des Capitaux Propres	**26,8 %**

$$K_c = \text{Profitabilité} \times \text{Activité} \times \text{Solvabilité}$$

$$K_c = \frac{\text{Résultat net - Part du groupe}}{\text{Chiffre d'affaires}} \times \frac{\text{Chiffre d'affaires}}{\text{Capitaux employés}} \times \frac{\text{Capitaux employés}}{\text{Capitaux propres Groupe}}$$

Profitabilité	6,33 %
Activité (taux de rotation des CE)	0,94
Solvabilité	4,51
	26,8 %

exo 10.01 Actualisation des flux de trésorerie disponibles

1. Tableau des flux de trésorerie disponibles

	1	2	3	4
Chiffre d'affaires	1 000	1 200	1 400	1 700
EBE	300	360	420	510
DADP	- 100	- 100	- 100	- 100
Résultat d'exploitation (REX)	200	260	320	410
IS d'exploitation	- 67	- 87	- 107	- 137
REX après IS	133	173	213	273
+ DADP	100	100	100	100
- Δ BFRE	- 10	- 20	- 20	- 30
- Investissements	- 100	- 100	- 100	- 100
Flux de trésorerie disponibles	**123**	**153**	**193**	**243**

2. Valeur de marché des capitaux propres

Valeur actualisée des FTD de l'année 1 à l'année 4 :

$V = 123 \times (1{,}14)^{-1} + 153 \times (1{,}14)^{-2} + 193 \times (1{,}14)^{-3} + 243 \times (1{,}14)^{-4} = 500$

Valeur terminale (en 4) :

$V = 243 \times 1{,}02/(0{,}14 - 0{,}02) = 2\,065$

$VGE = 500 + 2\,065 \times (1{,}14)^{-4} = 1\,723$

$V_{cp} = 1\,723 - 200 = 1\,523$.

exo 10.02 Approches comparatives

1. Les multiples sectoriels

	A	B	C	Moyenne
V_{cp}	10 000	13 200	21 600	
VGE	12 000	13 800	25 600	
VGE/CA	12	9,2	12,8	11,3
V_{cp}/RN	20	22	24	22,0

2. Valeur de PIGAM sur la base de ces deux multiples

V_{cp} (multiple du CA) = $11{,}3 \times 1\,200 - 1\,200 = 12\,360$

V_{cp} (multiple du RN) = $22 \times 400 = 8\,800$

exo 10.03 Approches patrimoniales

1. Montant de l'actif net réévalué

Dette fiscale latente sur immeuble à céder : PV × T = (900 - 600)/3 = 100

ANR = 2 600 + 700 + 800 - 400 - 315 (dividendes) = 3 385

2. Estimation du goodwill

Rente annuel = 450 × 2/3 - 3 000 × 7 % = 90

$$GW = 90 \times \frac{1 - (1,11)^{-5}}{0,11} = 333$$

V_{cp} = 3 385 + 333 = 3 718

exo 11.01 Détermination du coût moyen pondéré du capital

1. Coût des fonds propres de la société

R_c = 4 % + 1,2 × 5,5 % = 10,6 %.

2. Coût du capital

CMPC = 10,6 % × 75 % + 6 % × 2/3 × 25 % = 8,95 %.

exo 11.02 Détermination du coût moyen pondéré du capital

1. Coût des fonds propres de la société

R_c = 4 % + 1,4 × 5,5 % = 11,7 %.

2. Coût du capital

Capitalisation boursière : V_{cp} = 15 € × 1 000 000 d'actions = 15 M €.

Valeur globale de l'entreprise : VGE = 15 + 5 = 20 M €.

CMPC = 11,7 % × 15/20 + 8 % × 2/3 × 5/20 = 10,11 %.

exo 11.03 Détermination du coût du capital d'un projet à partir d'un échantillon d'entreprises comparables

1. Calcul du bêta des actifs des trois entreprises

$$\beta_a = \frac{\beta_c + \beta_d \times \dfrac{V_{df}}{V_{cp}}}{1 + \dfrac{V_{df}}{V_{cp}}}$$

or puisque β_d est nul :

$$\beta_a = \frac{\beta_c}{1 + \dfrac{V_{df}}{V_{cp}}} = \frac{V_{cp}}{V_{cp} + V_{df}} \times \beta_c$$

Entreprise Alambra : $\beta_a = \dfrac{V_{cp}}{V_{cp} + V_{df}} \times \beta_c = 0,45 \times 1,25 = 0,5625$

Entreprise Barbara : $\beta_a = 0{,}35 \times 1{,}19 = 0{,}4165$
Entreprise Catara : $\beta_a = 0{,}4 \times 1{,}22 = 0{,}488$

2. Calcul du bêta moyen du secteur d'activité

$$\beta_a = \frac{0{,}5625 + 0{,}4165 + 0{,}488}{3} = 0{,}489$$

3. Calcul du bêta des capitaux propres de Delta

$$\beta_c = \beta_a + [\beta_a - \beta_d] \times \frac{V_{df}}{V_{cp}} = 0{,}489 + [0{,}489 - 0] \times \frac{0{,}38}{0{,}62} = 0{,}789$$

4. Calcul du coût des fonds propres

$R_c = R_f + \beta_c \times PR_m = 5\,\% + 0{,}789 \times 6\,\% = 9{,}734\,\%$

5. Calcul du coût du capital

$$CMPC = R_c \times \frac{V_{cp}}{V_{cp} + V_{df}} + R_d \times (1 - T)\frac{V_{df}}{V_{cp} + V_{df}}$$

Avec $R_d = R_f + \beta_d \times PR_m = 5\,\% + 0 \times 6\,\% = 5\,\%$

$$CMPC = R_c \times \frac{V_{cp}}{V_{cp} + V_{df}} + R_d \times (1 - T)\frac{V_{df}}{V_{cp} + V_{df}}$$

$$CMPC = 9{,}734\,\% \times 0{,}62 + 5\,\% \times (1 - \frac{1}{3}) \times 0{,}38 = 7{,}30\,\%$$

exo 12.01 Calcul des caractéristiques et des critères de rentabilité d'un projet d'investissement

1. Capital investi

Le capital investi se compose des dépenses en immobilisations (construction et machines), des coûts d'opportunité (affectation du terrain au projet) et de l'augmentation du BFRE.

Construction Atelier	1 800
Machines	3 600
Terrain (coût d'opportunité)	60
BFRE initial (60/360 de 900 K €)	150
Capital investi	**5 610**

2. Flux de trésorerie d'exploitation

Années	N+1	N+2	N+3	N+4
Ventes HT	900	2 400	3 600	2 700
- Charges variables	- 360	- 960	- 1 440	- 1 080
= Excédent Brut d'Exploitation (EBE)	**540**	**1 440**	**2 160**	**1 620**
- DADP [(a)]	- 450	- 450	- 450	- 450
= Résultat exploitation avant impôt	**90**	**990**	**1 710**	**1 170**
- Impôt [(b)]	30	330	570	390
= Résultat exploitation après impôt	**60**	**660**	**1 140**	**780**
+ DADP	450	450	450	450
= ENE	**510**	**1 110**	**1 590**	**1 230**
Ou				
EBE	540	1 440	1 740	1 710
- Impôt	- 30	- 330	- 570	- 390
= ENE	**510**	**1 110**	**1 590**	**1 230**
BFRE	400	600	450	0
Δ BFRE	[(b)] 250	200	- 150	- 450
ENE	**510**	**1 110**	**1 590**	**1 230**
- Δ BFRE	**- 250**	**- 200**	**+ 150**	**+ 450**
= Flux de Trésorerie d'Exploitation	**260**	**910**	**1740**	**1680**

[(a)] 1 800/20 + 3 600/10 = 450

[(b)] En N + 1 : 400 - 150 (BFR initial) = 250.

3. Valeur résiduelle

La valeur résiduelle est obtenue par la somme des valeurs vénales nettes de l'impôt sur les éventuelles plus-values (T = 33 1/3 %). La récupération du BFRE, ayant déjà été prise en compte dans le calcul des flux de trésorerie d'exploitation, n'est pas intégrée au calcul de la valeur résiduelle.

$$\text{Valeur résiduelle} = \text{Valeur de revente} - \frac{1}{3} \times (\text{Valeur de revente} - \text{Valeur nette comptable})$$

	Val. origine	Amortis-sement	VNC	Val. revente	PV ou MV	Impôt
Construction	1 800,00	360,00	1 440,00	3 900	300	100
Machines	3 600,00	1 440,00	2 160,00			
Terrain	60,00	0,00	60,00	[(a)] 67,53	7,53	2,51

[(a)] valeur de revente du terrain : $60 \times 1{,}03^4 = 67{,}53$

Valeur résiduelle = 3 900 + 67,53 - 102,51 = 3 865,02

4. VAN, TIR et IP

La VAN du projet est égale à la somme des flux de trésorerie actualisés générés par le projet de N à N+4, diminuée de l'investissement initial soit :

$$VAN = -5\,610 + \frac{260}{1{,}15} + \frac{910}{1{,}15^2} + \frac{1\,740}{1{,}15^3} + \frac{1\,680 + 3\,865{,}02}{1{,}15^4} = -381{,}36$$

Le TIR est tel que : $-5\,610 + \frac{260}{(1 + TIR)} + \frac{910}{(1 + TIR)^2} + \frac{1\,740}{(1 + TIR)^3} + \frac{1\,680 + 3\,865{,}02}{(1 + TIR)^4}$

Soit TIR = 12,64 %.

L'indice de profitabilité est :

$$IP = \frac{VAN}{I_0} + 1 = \frac{-381{,}36}{5\,610} + 1 = 0{,}93$$

La VAN est négative, le projet s'il était réalisé ferait perdre 381,36 K € à l'entreprise.

exo 12.02 Cas de résultat d'exploitation négatif

1. ENE si le lancement du produit se traduit par la création d'entreprise

Années	N+1	N+2	N+3	N+4
Ventes HT	600	900	1 200	900
- Charges variables	- 120	- 180	-240	-180
- Charges fixes	- 300	- 300	- 300	- 300
= Excédent Brut d'Exploitation (EBE)	**180**	**420**	**660**	**420**
- DADP	- 210	- 210	- 210	- 210
= Résultat exploitation avant impôt	**- 30**	**210**	**450**	**210**
Base imposable	0	180	450	210
- Impôt	0	- 60	- 150	- 70
= Résultat exploitation après impôt	**- 30**	**150**	**300**	**140**
+ DADP	210	210	210	210
= ENE	**180**	**360**	**510**	**350**
Ou				
EBE	**180**	**420**	**660**	**420**
- Impôt	0	- 60	- 150	- 70
= ENE	**180**	**360**	**510**	**350**

La perte de N+1 est reportée sur le bénéfice imposable de N+2.

2. ENE si le lancement du produit s'ajoute à une activité existante bénéficiaire

Années	N+1	N+2	N+3	N+4
Ventes HT	600	900	1 200	900
- Charges variables	- 120	- 180	- 240	- 180
- Charges fixes	- 300	- 300	- 300	- 300
= Excédent Brut d'Exploitation (EBE)	**180**	**420**	**660**	**420**
- DADP (a)	- 210	- 210	- 210	- 210
= Résultat exploitation avant impôt	**- 30**	**210**	**450**	**210**
- Impôt (b)	10	- 70	- 150	- 70
= Résultat exploitation après impôt	**- 20**	**140**	**300**	**140**
+ DADP	210	210	210	210
= ENE	**190**	**350**	**510**	**350**
Ou				
EBE	**180**	**420**	**660**	**420**
- Impôt	10	- 70	- 150	- 70
= ENE	**190**	**350**	**510**	**350**

La perte de N+1 vient s'imputer sur les bénéfices dégagés en N+1 par les autres activités de l'entreprise, ce qui se traduit par une économie d'impôt récupérée dès N+1.

exo 13.01 Détermination du coût moyen pondéré du capital à partir des données d'une d'entreprise comparable

1. Bêta de l'actif de Rouart

β_d (Rouart) = $(R_d - R_f)/PR_m$ = (0,062 - 0,04)/0,055 = 0,4

Structure financière de Rouart : $\frac{V_{cp}}{VGE}$ = 1/1,4 = 0,71, d'où $\frac{V_{df}}{VGE}$ = 1 - 0,71 = 0,29

$$\beta_a \text{ (Rouart)} = \beta_c \times \frac{V_{cp}}{VGE} + \beta_d \times \frac{V_{df}}{VGE} = 1{,}2 \times 0{,}71 + 0{,}4 \times 0{,}29 = 0{,}968$$

2. Coût des fonds propres de Guilbaud (à partir du β_a)

β_d (Guilbaud) = $(R_d - R_f)/PR_m$ = (0,08 - 0,04)/0,055 = 0,73

$$\beta_c \text{ (Guilbaud)} = \beta_a + [\beta_a - \beta_d] \times \frac{V_{df}}{V_{cp}} = 0{,}968 + [0{,}968 - 0{,}73] \times \frac{5}{15} = 1{,}047$$

R_c (Guilbaud) = 4 % + 1,047 × 5,5 % = 9,76 %

3. Coût du capital de Guilbaud

CMPC (Guilbaud) = 9,76 % × 15/20 + 8 % × 2/3 × 5/20 = 8,65 %

Méthode alternative :

$$R_a = R_f + \beta_a \times PR_m = 4\,\% + 0{,}968 \times 5{,}5\,\% = 9{,}324\,\%$$

$$CMPC = R_a - R_d \times T \times \frac{V_{df}}{VGE} = 9{,}324\,\% - 8\,\% \times \frac{1}{3} \times \frac{5}{20} = 8{,}65\,\%$$

exo 14.01 Augmentation de capital avec droit de préférentiel de souscription

1. Valeur théorique de l'action après l'augmentation

$$C^* = \frac{NC + nE}{N + n} = \frac{15\,000 \times 450 + 5\,000 \times 440}{20\,000} = 447{,}5\ €$$

2. Calcul de la valeur théorique du droit de souscription
DPS = C - C* = 450 - 447,5 = 2,5 €

3. Impact de l'augmentation de capital sur la richesse de l'ancien actionnaire
Si l'actionnaire exerce ses droits :
Ses 45 actions lui procurent 45 droits. La parité est de 5 000 actions émises pour 15 000 anciennes, soit un rapport de 1 action nouvelle pour 3 DPS. Ses 45 droits vont lui permettre de souscrire 15 actions à un prix préférentiel de 440 €.
Avant l'augmentation de capital, il détenait 45 actions valant 450 € chacune, soit une richesse globale de 45 × 450 = 20 250 €.
Après l'augmentation de capital, il détient 60 actions valant 447,5 € soit 26 850 € desquels il faut déduire ce qu'il a déboursé pour obtenir les 15 actions supplémentaires (15 × 440 = 6 600 €), soit une richesse globale de 20 250 € (26 850 - 6 600).
Si l'actionnaire revend ses droits :
Sa richesse après l'augmentation de capital correspond à la valeur de ses actions (45 × 447,5 = 20 137,5 €), auxquels il faut rajouter le produit de la revente de ses 45 droits (45 × 2,5 = 112,5 €), soit au total 20 250 €.
Lorsque la valeur de l'action juste après l'émission est égale à la valeur théorique de l'action nouvelle, l'augmentation de capital est sans impact sur la richesse de l'actionnaire du fait de l'existence du droit de souscription et ce, quelle que soit la stratégie retenue par l'actionnaire.

4. Alternatives s'offrant à un investisseur détenant 60 actions anciennes et souhaitant obtenir 20 actions supplémentaires
Si l'actionnaire exerce ses droits :
Ses 60 actions lui procurent 60 droits qui vont lui permettre de souscrire 20 actions à un prix préférentiel de 440 €.

- Avant l'augmentation de capital, il détenait 60 actions valant 450 € chacune, soit une richesse de globale de 60 × 450 = 27 000 €.

- Après l'augmentation de capital, il détient 80 actions valant 447,50 € soit 35 800 €, dont il faut déduire ce qu'il a déboursé pour obtenir les 20 actions supplémentaires (20 × 440 = 8 800 €), soit une richesse globale de 27 000 €.

Si l'actionnaire revend ses droits :

Sa richesse après l'augmentation de capital correspond à la valeur de ses actions (60 × 447,50 = 26 850 €), auxquels il faut rajouter le produit de la revente de ses 60 droits (60 × 2,50 = 150 €), soit au total 27 000 €.

Lorsque la valeur de l'action juste après l'émission n'est pas égale à la valeur théorique de l'action nouvelle, l'augmentation de capital n'est plus sans impact sur la richesse de l'actionnaire. Les deux stratégies ne sont plus équivalentes, la revente des droits est plus rentable que leur exercice. Il existe des opportunités d'arbitrage.

exo 14.02 Modalité de remboursement d'emprunt

Amortissement constant

Chaque année, la part du capital emprunté qui est remboursée est identique, soit 450 000/5 = 90 000 euros.

Année	Capital dû	Intérêts	Amortissement	Annuités
1	450 000	31 500	90 000	121 500
2	360 000	25 200	90 000	115 200
3	270 000	18 900	90 000	108 900
4	180 000	12 600	90 000	102 600
5	90 000	6 300	90 000	96 300
Total		**94 500**	**450 000**	**544 500**

Annuité constante

Chaque année, la société verse une somme (l'annuité) identique à la banque, soit :

$$\text{Emprunt} = \text{Annuité} \times \frac{1 - (1 + i)^{-n}}{i}$$

$$\text{Annuité} = 450\ 000 \times \frac{0{,}07}{1 - (1{,}07)^{-5}} = 109\ 750{,}81$$

L'amortissement annuel se détermine par différence entre le montant de l'annuité constante et des intérêts de l'année.

Année	Capital dû	Intérêts	Amortissements	Annuités
1	450 000,00	31 500,00	78 250,81	109 750,81
2	371 749,19	26 022,44	83 728,37	109 750,81
3	288 020,82	20 161,46	89 589,35	109 750,81
4	198 431,47	13 890,20	95 860,61	109 750,81
5	102 570,86	7 179,96	102 570,86	109 750,82
Total		**98 754,06**	**450 000,00**	**548 754,06**

Remboursement *in fine*

La totalité du capital emprunté sera remboursée à l'issue de l'emprunt.

Année	Capital dû	Intérêts	Amortissement	Annuités
1	450 000	31 500	0	31 500
2	450 000	31 500	0	31 500
3	450 000	31 500	0	31 500
4	450 000	31 500	0	31 500
5	450 000	31 500	450 000	481 500
Total		**157 500**	**450 000**	**607 500**

exo 14.03 Impact de la structure financière sur la valeur de l'entreprise

Stratégie 1 : Conserver ses actions E

Dividende perçu : 1 % × (REX - i × D) = 1 % × (20 000 - 5 % × 80 000)
= 1 % × 16 000 = 160

Rentabilité obtenue par l'actionnaire : $R = \frac{160}{1\,\% \times V_{cp}} = \frac{160}{1\,\% \times 133\,333} = 12\,\%$

Stratégie 2 : Vendre ses actions E, s'endetter dans les mêmes proportions que E et acheter des actions NE avec la somme disponible

La revente de ses actions E lui rapporte : 1 % de V_{cp}, soit 1 333,33

Il s'endette dans les mêmes proportions que E, soit : $\frac{D}{V_{cp}} = \frac{80\,000}{133\,333} = 60\,\%$

Montant de l'endettement de l'actionnaire : 60 % × 1 333,33 = 800
ou encore, il effectue un emprunt d'un montant équivalent à 1 % des dettes de E, soit :
1 % × 100 × 800 = 800
Avec la somme totale (800 + 1 333,33 = 2 133,33), il achète des actions NE
Soit : 2 133,33/1 000 = 2,13333 actions NE.

Dividende perçu : $\frac{2\,133{,}33}{200} \times REX = 213{,}33$

Il paie les intérêts sur son emprunt, soit : 5 % × 800 = 40
Il lui reste : 213,33 - 40 = 173,33

Rentabilité obtenue par l'actionnaire : $R = \frac{173{,}33}{1\,333{,}33} = 12{,}97\,\%$

Dans ce cas, il existe des opportunités d'arbitrage. Les investisseurs vont vendre les actions E et acheter des actions NE, jusqu'au retour à l'équilibre où les valeurs globales des deux entreprises seront égales.

exo 14.04 Augmentation de capital

1. Valeur de l'action après l'opération

Valeur d'une action avant l'opération : 1 800 000/100 000 = 18 €

	Valeur de l'action	N	V_{cp}
Avant l'opération	18	100 000	1 800 000
Augmentation de capital	16	40 000	640 000
Après l'opération	**?**	**140 000**	**2 440 000**

Valeur d'une action après l'augmentation de capital :

V = 2 440 000/140 000 = 17,43 €

2. Valeur théorique du droit préférentiel de souscription (DPS)

Valeur DPS = valeur de l'action avant - valeur de l'action après

V = 18 - 17,43 = 0,57 €

3. Investisseur qui souhaite entrer dans le capital de la société à hauteur de 1 000 actions

Ce nouvel actionnaire doit acquérir des DPS afin de pouvoir souscrire à l'augmentation de capital et ainsi entrer dans le capital de la société.

Le capital initial étant composé de 100 000 actions, la société va émettre 100 000 DPS, qui permettent de souscrire à 40 000 actions nouvelles, soit 10 DPS pour 4 actions nouvelles.

Pour souscrire à 1 000 actions nouvelles, il doit donc :

- acquérir : $1\,000 \times \frac{10}{4}$ = 2 500 DPS à 0,57 €, soit un coût de 1 425 €
- acquérir 1 000 actions nouvelles à 16 €, soit un coût de 16 000 €

Le coût total est donc de : 1 425 + 16 000 = 17 425 €

et un coût unitaire de : 17 425/1 000 = 17,425 €.

exo 14.05 Double augmentation de capital

1. Conditions de l'augmentation de capital de N-3

À l'occasion d'une augmentation de capital en numéraire, les capitaux propres augmentent au travers des postes suivants :

- Capital : valeur nominale d'une action × nombre d'actions émises ;
- Primes d'émission : (prix d'émission - valeur nominale) × nombre d'actions émises.

La variation du poste Capital est de : 140 000 - 100 000 = 40 000 €

Le nombre d'actions qui a été émis est donc de :

N = 40 000/10 = 4 000 actions

Prime d'émission unitaire : 80 000/4 000 = 20 €

Prix d'émission des actions, en N-3 : 10 + 20 = 30 €

2. Augmentation de capital en numéraire en premier, sans DPS
Valeur d'une action = 756 000/(10 000 + 4 000) = 54 €
Puisqu'il n'y a pas de DPS, le prix d'émission des actions nouvelles est identique à leur valeur avant l'opération.
Nombre d'actions de numéraire émises : 300 000/54 = 5 556 actions nouvelles
Nombre d'actions attribuées : 100 000/54 = 1 851 actions gratuites

Capital : (10 000 + 4 000 + 5 556 + 1 851 = 21 407 actions)	214 070
Primes d'émission : - 80 000 - 5 556 × (54 - 10) = 244 464 - 1 851 × (54 - 10) = 81 444	405 908
Réserve légale :	14 000
Réserves facultatives :	80 000
Résultat net :	50 000
Total des capitaux propres :	**763 978**

Variation des capitaux propres : 763 978 - 464 000 = 299 978 (≈ 300 000)

3. Augmentation de capital en numéraire en premier, à 48 €
Nombre d'actions de numéraire émises : 300 000/48 = 6 250 actions nouvelles

	Valeur de l'action	N	V_{cp}
Avant l'opération	54	14 000	756 000
Augmentation de capital	48	6 250	300 000
Après l'opération	**?**	**20 250**	**1 056 000**

Valeur d'une action après l'augmentation de capital :
V = 1 056 000/20 250 = 52,15 €
Valeur du DPS = 54 - 52,15 = 1,85 €
Nombre d'actions attribuées : 100 000/52,15 = 1 917 actions gratuites

Capital : (10 000 + 4 000 + 6 250 + 1 917 = 22 167 actions)	221 670
Primes d'émission : - 80 000 - 6 250 × (48 - 10) = 237 500 - 1 917 × (52,15 - 10) = 80 802	398 302
Réserve légale :	14 000
Réserves facultatives :	80 000
Résultat net :	50 000
Total des capitaux propres :	**763 972**

Variation des capitaux propres : 763 972 - 464 000 = 299 972 (≈ 300 000)

4. Augmentation de capital par incorporation en premier

Nombre d'actions attribuées : 100 000/54 = 1 851 actions gratuites

Valeur d'une action après l'incorporation des réserves :

V = 756 000/(14 000 + 1 851) = 47,69 €

Nombre d'actions de numéraire émises : 300 000/47,69 = 6 290 actions nouvelles

	Valeur de l'action	N	V_{cp}
Avant l'opération	47,69	15 851	756 000
Augmentation de capital	47,69	6 290	299 970
Après l'opération	**47,69**	**22 141**	**1 055 970**

Capital :	221 410
(10 000 + 4 000 + 1 851 + 6 290 = 22 141 actions)	
Primes d'émission :	398 514
- 80 000	
- 1 851 × (54 - 10) = 81 444	
- 6 290 × (47,69 - 10) = 237 070	
Réserve légale :	14 000
Réserves facultatives :	80 000
Résultat net :	50 000
Total des capitaux propres :	**763 924**

Variation des capitaux propres : 763 924 - 464 000 = 299 924 (≈ 300 000)

exo 15.01 *Forwards*

1. Résultat sans couverture

Le taux de change est passé en cinq mois de USD 1 = 0,6327 EUR à USD 1 = 0,6225 EUR. Il y a eu une dépréciation du dollar. Il encaisse 450 000 × 0,6225 = 280 125 €

Si l'opération avait été réglée comptant, l'exportateur italien aurait encaissé : 450 000 × 0,6327 = 284 715 EUR.

2. Résultat avec la couverture

La conversion de ses 450 000 USD au taux *forward* lui procure :

450 000 × 0,6335 = 285 075 euros.

Résultat global = montant reçu à l'échéance - montant reçu au comptant = 285 075 - 284 715 = 360 euros

Gain sur l'opération de couverture = montant reçu avec couverture - montant reçu sans couverture = 285 075 - 280 125 = 4 950 euros

Résultat sur l'opération de change = montant reçu sans couverture - montant reçu au comptant = 280 125 - 284 715 = - 4 590 euros

Résultat global = résultat sur couverture + résultat sur opération de change = 4 950 - 4 590 = 360 euros.

exo 15.02 Options sur devises

1. Coût de la couverture

2,5 % × 750 000 × 0,6327 = 11 863,12 euros

2. Dénouement de l'opération si le taux de change à l'échéance est égal à USD 1 = 0,625 EUR

Il y a bien eu une dépréciation du dollar au cours des six mois, l'exportateur va donc exercer son option et convertir ses 750 000 USD au prix d'exercice de 0,655 EUR. Il encaissera : 750 000 × 0,655 = 491 250 euros.

3. Dénouement à l'échéance si le taux de change à l'échéance est égal à USD 1 = 0,675 EUR

Dans ce cas, le dollar s'est apprécié, l'exportateur abandonnera son option et convertira ses dollars au taux en vigueur, ce qui lui permettra d'encaisser :

750 000 × 0,675 = 506 250 euros.

exo 16.01 FRA

1. Taux de rendement proposé par la banque à son client

Le taux maximum que sa banque va lui proposer sera tel que les intérêts de ses deux emprunts soient inférieurs ou égaux au produit de son placement.

Placement E de la banque sur le marché à 4,752% sur 9 mois

Emprunt E de la banque sur le marché à 4,751 % sur 4 mois

Emprunt de la banque de 5M€ au client à R % sur 5 mois

$$\text{soit } \left(1 + 4{,}752\% \times \frac{9}{12}\right) \geq \left(1 + 4{,}751\% \times \frac{4}{12}\right) \times \left(1 + R_{FRA,5,9\text{-}4} \times \frac{5}{12}\right) \Leftrightarrow$$

$$R_{FRA,5,9\text{-}4} \leq \left[\frac{1 + 4{,}752\% \times \frac{9}{12}}{1 + 4{,}751\% \times \frac{4}{12}} - 1\right] \times \frac{12}{5} = 4{,}679\%$$

2. En cas de chute du taux de référence à 4,58 %

Si le taux de référence devient inférieur au taux garanti, la banque verse à son client le différentiel d'intérêt. En général, le différentiel est post-compté lorsque le taux de référence est post-déterminé, c'est-à-dire constaté en T.

Si le taux de référence constaté en T est égal à 4,58 %, la banque versera à son client en T en cas d'intérêts post-comptés un montant égal à :

$I = (R_{FRA} - R_{ref}) \times 5\,000\,000 \times (T - t)/360$

$I = (4{,}679\,\% - 4{,}58\,\%) \times 5\,000\,000 \times (5/12) = 2\,062{,}5$ euros.

Si les intérêts sont précomptés, la banque versera à son client en *t*, un montant égal à :

$$I = \left[\frac{(R_{FRA} - R_{ref}) \times 5\,000\,000 \times \frac{T-t}{360}}{1 + R_{ref} \times \frac{T-t}{360}}\right]$$

$$I = \left[\frac{(4{,}679\% - 4{,}58\%) \times 5\,000\,000 \times \frac{5}{12}}{1 + 4{,}58\% \times \frac{5}{12}}\right] = \frac{2\,062{,}5}{1 + 4{,}58\% \times \frac{5}{12}} = 2\,023{,}88$$

3. En cas de hausse des taux à 4,78 %

Si le taux de référence est supérieur au taux garanti ($R_{FRA,5,9-4} = 4{,}679\,\%$), le client versera à la banque le différentiel d'intérêt à la date T soit un montant de :

$(R_{ref} - R_{FRA}) \times 5\,000\,000 \times (T - t)/360$

Si le taux de référence atteint 4,68 %, le montant versé sera égal à :

$I = (4{,}78\,\% - 4{,}679\,\%) \times 5\,000\,000 \times 5/12 = 2\,104{,}17$ euros.

Si les intérêts sont précomptés, la banque versera à la date *t* :

$$I = \left[\frac{(R_{ref} - R_{FRA}) \times 5\,000\,000 \times \frac{5}{12}}{1 + R_{ref} \times \frac{5}{12}}\right]$$

$$I = \left[\frac{(4{,}78\% - 4{,}679\%) \times 5\,000\,000 \times \frac{5}{12}}{1 + 4{,}78\% \times \frac{5}{12}}\right] = \frac{2\,104{,}17}{1 + 4{,}78\% \times \frac{5}{12}} = 2\,063{,}08$$

Quelle que soit l'évolution du taux de référence, le coût de l'emprunt pour l'investisseur sera égal à 4,679 %, le taux garanti par la vente du *FRA*.

exo 16.02 Options sur taux d'intérêt sur le marché de gré à gré

1. Montant de la prime

0,3 % × (90/360) × 1 000 000 = 750 euros.

2. Dénouement de l'opération si l'Euribor trois mois est à 4,75 % à l'échéance

Si les craintes du trésorier ne se vérifient pas et que l'euribor reste supérieur à 4,73 %, celui-ci abandonnera son option, son taux réel de rendement sera égal à :
(*Euribor* 3 mois) - 0,3 % = 4,75 % - 0,3 % = 4,45 %

3. Dénouement de l'opération si l'Euribor trois mois est à 4,69 % à l'échéance

Si dans six mois, moment auquel l'entreprise placera son million d'euros, l'Euribor est inférieur à 4,73 %, le trésorier exercera son option, le vendeur de celle-ci devra accepter de rémunérer son placement à un taux de 4,73 % et lui verser :
I = 4,73 % × (90/360) × 1 000 000 = 11 825.
Le taux de rentabilité réel du placement sera égal à : 4,73 % - 0,3 % = 4,43 %.
Par cette opération, le trésorier s'assure ainsi un rendement égal à :
Maximum [Euribor 3 mois ; 4,73 %] - 0,3 %.

exo 18.01 Affectation du résultat

Dotation à la réserve légale : 5 % × (320 000 - 2 000) = 15 900 €, plafonnée à 10 % du capital social, soit une dotation de 10 000 € (10 % × 2 M € - 190 000).

Résultat :	320 000
Dotation à la réserve légale :	- 10 000
Report à nouveau :	- 2 000
Bénéfice distribuable :	308 000
Intérêt statutaire (4 % × 2 M €)	- 80 000
Superdividende (20 × 10 000)	- 200 000
Réserve facultative :	- 10 000
Report à nouveau :	18 000

exo 18.02 La neutralité des programmes de rachats d'actions

1. Calcul de la VGE

La valeur globale (VGE) est égale à la somme de la valeur de marché des capitaux propres et des dettes financières, diminuée du montant de la trésorerie en excès.
La valeur d'une action, avant le rachat d'actions est :

V_{action} = [VGE + trésorerie en excès - dettes financières]/nombre d'actions

D'où VGE = V_{action} × nombre d'actions - trésorerie en excès + dettes financières
Soit : VGE = 20 × 40 - 90 + 50 = 760 M €

2. Calcul de la VGE en cas de rachat d'actions

La trésorerie en excès va permettre de racheter δ actions sur les *n* en circulation, à un prix *P*. Le prix *P* auquel vont être rachetées les actions s'estime à partir de la valeur de marché des capitaux propres après l'opération et du nouveau nombre d'actions, soit :

$$P = [VGE - dettes]/[n - \delta]$$

soit :

$$P = [760 - 50]/[20 - \delta] = 710/[20 - \delta]$$

Nous savons que les 90 M € vont servir à racheter δ actions, soit :

$$90 = \delta \times P$$

En résolvant ces deux dernières équations, nous obtenons :

$$\delta = 2{,}25 \text{ millions d'actions}$$

$$P = 40 \text{ €}$$

Le rachat aboutit à un cours de l'action après l'opération de 40 €, identique à celui qu'il était avant, bien que le nombre d'actions ait été réduit. Le rachat d'actions est sans impact sur le cours du titre.

3. Calcul de la VGE en cas de distribution de dividendes

Au contraire, si la société avait procédé à une distribution de dividendes, le cours de l'action aurait baissé de 90/20 = 4,5 €. Les actions auraient un cours de : 40 - 4,5 € = 35,5 €. Mais chaque actionnaire aurait reçu 4,5 € de dividende par action détenue. Sa richesse globale reste de 40 € par action.

exo 19.01 Détermination du coût du capital et EVA

1. Calcul du coût du capital de la société

Coût des fonds propres de la société : Rc = 4 % + 1,3 × 5 % = 10,5 %

$$CPMC = R_c \times \frac{V_{cp}}{VGE} + R_d \times (1 - T) \times \frac{V_{df}}{VGE} = 10{,}5\,\% \times 60\,\% + 7\,\% \times 2/3 \times 40\,\% = 8{,}17\,\%$$

2. Calcul de l'EVA

	N	N+1	N+2	N+3	N+4	N+5
AE	650	710	730	750	780	810
ROP		100	115	130	145	150
ROP × (1-T)		66,67	76,67	86,67	96,67	100,00
CMPC × AE_{t-1}		53,11	58,01	59,64	61,28	63,73
EVA		**13,56**	**18,66**	**27,03**	**35,39**	**36,27**
K_a		10,26 %	10,80 %	11,87 %	12,89 %	12,82 %
K_a - CMPC		2,09 %	2,63 %	3,70 %	4,72 %	4,65 %
EVA		13,56	18,66	27,03	35,39	36,27

Avec $K_a = ROP_t \times (1 - T)/AE_{t-1}$

exo 19.02 Options réelles

1. Valeur et VAN du projet non flexible

Valeur du projet = 250 × $(1{,}13)^{-1}$ + 300 × $(1{,}13)^{-2}$ + 400 × $(1{,}13)^{-3}$ = 733 M €

VAN du projet = - 700 + 733 = 33 M €

2. Estimation des paramètres binomiaux du projet

$$\text{Mouvement binomial à la hausse } u = e^{\sigma\sqrt{1/n}} = 1{,}350$$

Mouvement binomial à la baisse d = 1/u = 0,741

Probabilité de hausse : p_u = (1 + r - d)/(u - d) = 0,491

Probabilité de baisse : p_d = 1 - p_u = 0,509

Pour l'estimation du mouvement à la hausse (u), n = 1 car chaque mouvement dure 1 an.

3. Arbre d'événement et arbre de décision du projet

Ce premier arbre se construit de gauche à droite, en partant de la valeur du projet à la date 0 (733), et en tenant compte, pour la période suivante, du mouvement à la hausse (× 1,35) et du mouvement à la baisse (× 0,741).

Les différentes valeurs du projet sans prise en compte de l'option	t = 0	t = 1	t = 2	t = 3
				1802,89
			1335,61	
		989,45[a]		989,45
Arbre d'événement	733,00		733,00	
		543,02		543,02
			402,28	
				298,02

a : 733 × 1,35 = 989,55 (989,45 en valeur exacte sous Excel).

À partir de l'arbre d'événement, l'arbre de décision va être construit par induction arrière, c'est-à-dire que l'on part de la droite (t = 3) pour aller vers la gauche (t = 0).

La colonne de l'année 3 s'obtient en comparant la valeur du projet sans expansion et sa valeur en cas d'expansion (augmentation de valeur de 25 % pour un coût de 250).

En prenant la branche la plus haute de la 3e année, ceci donne :

C = Max (1 802,89 ; 1 802,89 × 1,25 - 250) = Max (1 802,89 ; 2 003,61) = 2 003,61

Aux nœuds précédents, l'évaluation de la valeur du projet se fait par l'approche risque-neutre.

Les différentes valeurs du projet avec prise en compte de l'option d'expansion	t = 0	t = 1	t = 2	t = 3
				2003,61
			1430,42	
		1034,23		989,45
Arbre de décision	754,15		733,00	
		543,02		543,02
			402,28	
				298,02

La valeur risque-neutre s'estime en actualisant, au taux sans risque, les deux valeurs du nœud suivant, compte tenu de leur probabilité respective :

$$\text{Valeur risque-neutre} = \frac{p_u \times C_u + p_d \times C_d}{1 + r}$$

Cette valeur risque-neutre est à comparer à la valeur (V) qu'aurait le projet s'il était étendu, afin de choisir la solution optimale :

$$C_n = \text{Max (valeur risque-neutre ; } V_n \times 1{,}25 - 250)$$

Si on se place au niveau du nœud inférieur de l'année 2, ceci donne :

C_2 = Max ([0,491 × 543,02 + 0,509 × 298,02]/[1,04] ; 402,28 × 1,25 - 250)

C_2 = Max (402,2 ; 252,85) = 402,2

4. Valeur de l'option d'expansion

La valeur de l'option réelle s'obtient par différence entre la valeur du projet flexible et celle du projet non flexible, soit 754,15 - 733 = 21,15 M €.

exo 20.01 Fusion

1. Valoriser les deux sociétés

Valeur avant la fusion de la société Hitchner :

Valeur en 0 des FTD de l'année 1 à 4 : $30 \times (1{,}10)^{-1} + ... + 39 \times (1{,}10)^{-4} = 107{,}4$

Valeur en 0 des FTD au-delà de l'année 4 : $\dfrac{39 \times 1{,}025}{0{,}10 - 0{,}025} \times (1{,}10)^{-4} = 364$

Valeur de marché des capitaux propres : 107,4 + 364 - 75 = 396,4 M €

Valeur avant la fusion de la société Walhen :

Valeur en 0 des FTD de l'année 1 à 4 : $10 \times (1{,}11)^{-1} + ... + 17 \times (1{,}11)^{-4} = 40{,}9$

Valeur en 0 des FTD au-delà de l'année 4 : $\dfrac{17 \times 1{,}01}{0{,}11 - 0{,}015} \times (1{,}11)^{-4} = 113{,}1$

Valeur de marché des capitaux propres : 40,9 + 113,1 - 30 = 124 M €

2. Cette opération est-elle rentable pour Hitchner ?

Nouveau Groupe	1	2	3	4
FTD Hitchner	30	32	36	39
FTD Walhen	10	12	15	17
FTD suppl.	2	2	2	2
FTD Total	**42**	**46**	**53**	**58**

Valeur du groupe après la fusion :

Valeur en 0 des FTD de l'année 1 à 4 : $42 \times (1{,}1)^{-1} + ... + 58 \times (1{,}1)^{-5} = 155{,}6$

Valeur en 0 des FTD au-delà de l'année 4 : $\dfrac{58 \times 1{,}03}{0{,}1 - 0{,}03} \times (1{,}1)^{-4} = 582{,}9$

Valeur de marché des capitaux propres : 155,6 + 582,9 - 105 = 633,5 M €

Gain net pour l'acquéreur = $V_{HW} - V_H$ - Prix d'acquisition de W - Coûts

Gain net pour Hitchner = 633,5 - 396,4 - 150 - 2 = 85,1 M €

Prime perçue par les actionnaires de Walhen : 150 - 124 = 26 M €

exo 21.01 LBO

La cible étant acquise à 100 %, il est possible de pratiquer l'intégration fiscale. De ce fait, le coût réel supporté est de : 9 % × 2/3 = 6 %.

Le montant des dividendes qui vont être affectés au remboursement de l'emprunt est :

K €	1	2	3	4	5	6
Dividendes	80	88	96	104	112	120

Le montant qu'il est possible d'emprunter est donc de :

$E = 80 \times (1{,}06)^{-1} + ... + 120 \times (1{,}06)^{-6} = 485$ K €

Apports en fonds propres = 1 000 - 485 = 515 K €

exo 21.02 Dette mezzanine

Financement de l'opération :

- dette bancaire : 150 M € × 60 % = 90 M €
- dette mezzanine : 150 M € × 15 % = 22,5 M €
- fonds propres : 150 M € × 25 % = 37,5 M €

À l'année 7, la valeur de marché des capitaux propres est anticipée à :

V_{cp} = PER × Résultat net = 22 × 10 = 220 M €

1. Valeur d'une action après l'augmentation de capital

$$V = \frac{V_{cp} + \text{fonds perçus à l'exercice des BSA}}{\text{Nombre initial d'actions + actions nouvelles}}$$

$$V = \frac{220\,000\,000 + 50\text{ €} \times 200\,000}{800\,000 + 200\,000} = 230\text{ €}$$

2. TRI annuel pour les actionnaires

En N+7, les actionnaires d'origine détiennent 80 % du capital, contre 100 % en N.

$$TRI = \left(\frac{V_{cp} \text{ en } N+7}{V_{cp} \text{ en } N}\right)^{1/7} - 1 = \left(\frac{230\,000\,000 \times 0,8}{37\,500\,000}\right)^{1/7} - 1 = 25,51\%$$

3. TRI annuel pour le mezzaneur

Coupons annuels (pendant 7 ans) : 22 500 × 4 % = 900 K €

Remboursement *in fine* (année 7) : 22,5 K €

Profit sur les BSA : 200 × (230 - 50) = 36 000 K €

$$22\,500 = 900 \times \frac{1 - (1 + TRI)^{-7}}{TRI} + (22\,500 + 36\,000) \times (1 + TRI)^{-7}$$

TRI = 17,42 %

exo 22.01 Augmentation de capital

1. Valeur de l'action après l'opération

Valeur d'une action avant l'opération : 1 800 000/100 000 = 18 €

	Valeur de l'action	N	V_{cp}
Avant l'opération	18	100 000	1 800 000
Augmentation de capital	16	40 000	640 000
Après l'opération	**?**	**140 000**	**2 440 000**

Valeur d'une action après l'augmentation de capital :

V = 2 440 000/140 000 = 17,43 €

2. Valeur théorique du droit préférentiel de souscription (DPS)

Valeur DPS = valeur de l'action avant - valeur de l'action après

V = 18 - 17,43 = 0,57 €

3. Investisseur qui souhaite entrer dans le capital de la société à hauteur de 1 000 actions

Ce nouvel actionnaire doit acquérir des DPS afin de pouvoir souscrire à l'augmentation de capital et ainsi entrer dans le capital de la société.

Le capital initial étant composé de 100 000 actions, la société va émettre 100 000 DPS, qui permettent de souscrire à 40 000 actions nouvelles, soit 10 DPS pour 4 actions nouvelles. Pour souscrire à 1 000 actions nouvelles, il doit donc :

- acquérir : $1\,000 \times \frac{10}{4}$ = 2 500 DPS à 0,57 €, soit un coût de 1 425 €
- acquérir 1 000 actions nouvelles à 16 €, soit un coût de 16 000 €

Le coût total est donc de : 1 425 + 16 000 = 17 425 €

et un coût unitaire de : 17 425/1 000 = 17,425 €.

exo 22.02 Double augmentation de capital

1. Conditions de l'augmentation de capital de N-3

À l'occasion d'une augmentation de capital en numéraire, les capitaux propres augmentent au travers des postes suivants :

- Capital : valeur nominale d'une action × nombre d'actions émises ;
- Primes d'émission : (prix d'émission - valeur nominale) × nombre d'actions émises.

La variation du poste Capital est de : 140 000 - 100 000 = 40 000 €

Le nombre d'actions qui a été émis est donc de :

N = 40 000/10 = 4 000 actions

Prime d'émission unitaire : 80 000/4 000 = 20 €

Prix d'émission des actions, en N-3 : 10 + 20 = 30 €

2. Augmentation de capital en numéraire en premier, sans DPS

Valeur d'une action = 756 000/(10 000 + 4 000) = 54 €

Puisqu'il n'y a pas de DPS, le prix d'émission des actions nouvelles est identique à leur valeur avant l'opération.

Nombre d'actions de numéraire émises : 300 000/54 = 5 556 actions nouvelles

Nombre d'actions attribuées : 100 000/54 = 1 851 actions gratuites

Capital : (10 000 + 4 000 + 5 556 + 1 851 = 21 407 actions)	214 070
Primes d'émission : - 80 000 - 5 556 × (54 - 10) = 244 464 - 1 851 × (54 - 10) = 81 444	405 908
Réserve légale :	14 000
Réserves facultatives :	80 000
Résultat net :	50 000
Total des capitaux propres :	**763 978**

Variation des capitaux propres : 763 978 - 464 000 = 299 978 (≈ 300 000)

3. Augmentation de capital en numéraire en premier, à 48 €

Nombre d'actions de numéraire émises : 300 000/48 = 6 250 actions nouvelles

	Valeur de l'action	N	V_{cp}
Avant l'opération	54	14 000	756 000
Augmentation de capital	48	6 250	300 000
Après l'opération	**?**	**20 250**	**1 056 000**

Valeur d'une action après l'augmentation de capital :

V = 1 056 000/20 250 = 52,15 €

Valeur du DPS = 54 - 52,15 = 1,85 €

Nombre d'actions attribuées : 100 000/52,15 = 1 917 actions gratuites

Capital :	221 670
(10 000 + 4 000 + 6 250 + 1 917 = 22 167 actions)	
Primes d'émission :	398 302
- 80 000	
- 6 250 × (48 - 10) = 237 500	
- 1 917 × (52,15 - 10) = 80 802	
Réserve légale :	14 000
Réserves facultatives :	80 000
Résultat net :	50 000
Total des capitaux propres :	**763 972**

Variation des capitaux propres : 763 972 - 464 000 = 299 972 (≈ 300 000)

4. Augmentation de capital par incorporation en premier

Nombre d'actions attribuées : 100 000/54 = 1 851 actions gratuites

Valeur d'une action après l'incorporation des réserves :

V = 756 000/(14 000 + 1 851) = 47,69 €

Nombre d'actions de numéraire émises : 300 000/47,69 = 6 290 actions nouvelles

	Valeur de l'action	N	V_{cp}
Avant l'opération	47,69	15 851	756 000
Augmentation de capital	47,69	6 290	299 970
Après l'opération	**47,69**	**22 141**	**1 055 970**

Capital :	221 410
(10 000 + 4 000 + 1 851 + 6 290 = 22 141 actions)	
Primes d'émission :	398 514
- 80 000	
- 1 851 × (54 - 10) = 81 444	
- 6 290 × (47,69 - 10) = 237 070	
Réserve légale :	14 000
Réserves facultatives :	80 000
Résultat net :	50 000
Total des capitaux propres :	**763 924**

Variation des capitaux propres : 763 924 - 464 000 = 299 924 (≈ 300 000)

cas 01 Diagnostic financier, coût du capital, évaluation d'entreprise

1. Calcul des rentabilités

Reconstruction du bilan par grandes masses

Avant de pouvoir estimer les rentabilités, il est nécessaire de reconstruire le bilan consolidé par grandes masses :

- Capitaux investis = immobilisations d'exploitation + BFRE + trésorerie normative ;
- Capitaux employés = capitaux propres groupe + intérêts minoritaires + dettes financières.

Pour cela, les différents postes du bilan vont être rattachés aux rubriques suivantes : actifs immobilisés d'exploitation (AI), actifs hors exploitation (AHE), actifs circulants (AC), trésorerie (TR), capitaux propres (CP), intérêts minoritaires (IM), dettes financières (DF), passifs hors exploitation (PHE), dettes circulantes (DC).

L'actif		
Écarts d'acquisition	3 642,7	AI
Autres immobilisations incorporelles	706,0	AI
Immobilisations corporelles	8 392,2	AI
Actifs financiers non courants	220,6	AHE
Titres mis en équivalence	140,3	AHE
Impôts différés actif	357,6	AHE
Stocks et en-cours	795,9	AC
Clients	2 738,3	AC
Autres actifs courants	465,0	AC
Impôt courant actif	36,7	AHE
Instruments dérivés actif	69,5	AHE
Trésorerie et équivalents de trésorerie	726,9	TR

Le passif		
Capital	1 313,6	CP
Primes	5,9	CP
Réserves	4 100,7	CP
Actions propres	- 215,0	CP
Résultat net - part du Groupe	1 123,1	CP
Intérêts minoritaires	148,1	IM
Provisions et avantages au personnel	1 718,6	DF
Impôts différés passif	1 037,0	PHE
Emprunts et dettes financières non courantes	4 992,7	DF

Le passif		
Autres passifs non courants	163,0	PHE
Provisions et avantages au personnel	168,9	DF
Fournisseurs	1 680,7	DC
Autres passifs courants	1 436,8	DC
Impôt à payer	187,4	DC
Dettes financières courantes	371,5	DF
Instruments dérivés passif	58,7	PHE

Capitaux investis (CI) :		**14 162**
- immobilisations d'exploitation :	12 741	
- BFRE (3 999 - 3 305) :	694	
- trésorerie normative :	727	

Capitaux employés (CE) :		**13 728**
- capitaux propres groupe :	6 328	
- intérêts minoritaires :	148	
- dettes financières :	7 252	

Vérification : CI + actifs nets hors exploitation = CE

14 162 + (825 - 1 259) = 13 728

Estimation du résultat économique après impôt

Coût de l'endettement financier net	179,4
Impôt associé au coût de l'endettement (T = 30 %)	53,82
Charge d'impôt (d'après compte de résultat)	411,8
Impôt sur le résultat économique	**465,62**
Résultat opérationnel	1 788,8
Autres produits et charges financiers	- 54,3
Résultat économique avant impôt	**1 734,5**
Impôt sur le résultat économique	- 465,6
Résultat économique après impôt	**1 268,9**

Calcul des rentabilités

Les rentabilités économiques :

Résultat économique après impôt (a)	1 268,9
Capitaux investis (b)	14 162
Capitaux employés (c)	13 728
Rentabilité économique des CI (ROIC) (a)/(b)	**8,96 %**
Rentabilité économique des CE (ROCE) (a)/(c)	**9,24 %**

La rentabilité des capitaux propres :

$$K_c = \frac{\text{Résultat net Part du Groupe}}{\text{Capitaux propres Groupe}}$$

Résultat net Part du Groupe	1 123,1
Capitaux propres (groupe)	6 328,3
Rentabilité des Capitaux Propres	**17,75 %**

Décomposition des rentabilités

La rentabilité économique (ROIC) peut se décomposer en deux inducteurs :

$$K_a = \text{Taux de marge} \times \text{Taux de rotation des capitaux investis}$$

$$K_a = \frac{\text{Résultat économique}}{\text{Chiffre d'affaires}} \times \frac{\text{Chiffre d'affaires}}{\text{Capitaux investis}}$$

Taux de marge opérationnelle	10,75 %
Taux de rotation des capitaux investis	0,83

La rentabilité des capitaux propres (K_c) peut se décomposer en trois inducteurs :

$$K_c = \text{Profitabilité} \times \text{Activité} \times \text{Solvabilité}$$

$$K_c = \frac{\text{Résultat net - Part du Groupe}}{\text{Chiffre d'affaires}} \times \frac{\text{Chiffre d'affaires}}{\text{Capitaux employés}} \times \frac{\text{Capitaux employés}}{\text{Capitaux propres Groupe}}$$

Profitabilité	9,52 %
Activité (taux de rotation des CE)	0,86
Solvabilité	2,17
	17,77 %

2. Estimation du coût du capital de la société

Coût des fonds propres de la société :

$R_c = R_f + \beta_c \times PR_m$

$R_c = 4{,}2\,\% + 0{,}9 \times 5{,}5\,\% = 9{,}15\,\%$

Coût du capital :

$$CMPC = R_c \times \frac{V_{cp}}{VGE} + R_d \times (1 - T) \times \frac{V_{df}}{VGE}$$

$CMPC = 9{,}15\,\% \times 80\,\% + 5{,}2\,\% \times (1 - 30\,\%) \times 20\,\% = 8{,}05\,\%$

3. Construction du tableau des flux de trésorerie disponibles (FTD), de 2008 à 2012

	2008	2009	2010	2011	2012
Chiffre d'affaires	**12 863**	**13 892**	**15 004**	**16 204**	**17 500**
Croissance		8 %	8 %	8 %	8 %
DADP	8 %	9 %	10 %	11 %	12 %
Investissements	12 %	12 %	12 %	12 %	12 %

	2008	2009	2010	2011	2012
BFR	17 %	17 %	17 %	17 %	17 %
Impôt	30 %	30 %	30 %	30 %	30 %
Taux de marge op.	15 %	15 %	16 %	16 %	16 %
REX	**1 929**	**2 084**	**2 401**	**2 593**	**2 800**
- Impôt	- 579	- 625	- 720	- 778	- 840
+ DADP	1 029	1 250	1 500	1 782	2 100
- ΔBFR	- 181	- 175	- 189	- 204	- 220
- Investissements	- 1 544	- 1 667	- 1 800	- 1 944	- 2 100
FTD	**654**	**867**	**1 192**	**1 449**	**1 740**

4. Évaluation par l'actualisation des FTD

Valeur actualisée des FTD de 2008 à 2012 :

$V = 654 \times (1{,}0805)^{-1} + 867 \times (1{,}0805)^{-2} + 1\,192 \times (1{,}0805)^{-3} + 1\,449 \times (1{,}0805)^{-4} + 1\,740 \times (1{,}0805)^{-5}$

V = 4 537

Valeur terminale (en 2012) : V = 1 740 × 1,05/(0,0805 - 0,05) = 59 902

$VGE = 4\,537 + 59\,902 \times (1{,}0805)^{-5} = 45\,211$

$V_{cp} = 45\,211 - 7\,252 = 37\,959$

cas 02 Cas de synthèse : marché notionnel, options sur actions (d'après DECF 1993)

Partie A

1. Intérêt d'une opération de couverture

Une opération de couverture consiste à réduire, voire supprimer un risque. Il existe trois types de risque :

- le risque de change dû à l'évolution des taux de conversion entre les monnaies ;
- le risque de marché qui se traduit par une évolution des cours des actifs ;
- le risque de taux d'intérêt qui se traduit par un impact sur la valeur des obligations.

C'est à ce dernier type de risque qu'est confrontée l'entreprise. En cas de hausse des taux sur le marché primaire des obligations, elle enregistre une baisse de valeur sur le portefeuille d'obligations qu'elle détient. La couverture consiste ici à prendre sur le marché à terme une position inverse à celle prise sur le marché au comptant, dans le cas présent à vendre des contrats à terme. Ainsi, elle compense la perte enregistrée sur le marché au comptant par le gain enregistré sur le marché à terme.

2. Nombre de contrats à acheter

N = Valeur du portefeuille d'obligations / valeur d'un contrat

N = 9 500 000 / 100 000 = 95 contrats

3. Appels de marge quotidiens et résultat global de l'opération

Lors de la vente de contrats à terme, l'entreprise doit verser à la chambre de compensation un dépôt de garantie de 1 750 € par contrat, soit ici un montant global de 166 250 €.
La chambre de compensation calcule chaque jour le résultat de la position. Lorsque ce résultat cumulé devient négatif, la chambre de compensation demande à l'entreprise de reconstituer son dépôt de garantie par un appel de marge. Les cours sont exprimés en pourcentages du nominal.

Le 4/09/ N : (102,86 - 102,82) % × 100 000 × 95 = + 3 800 (gain)
Le 5/09/ N : (102,82 - 102,96) % × 100 000 × 95 = - 13 300 (perte)
Le 6/09/ N : (102,96 - 102,76) % × 100 000 × 95 = + 19 000 (gain)

Le 05/09, le résultat cumulé étant égal à - 9 500 €, il y aura un appel de marge, l'entreprise devra créditer son compte de 9 500 € sans quoi sa position sera liquidée.

Le résultat global le 10/12/N sera :
R = (102,86 - 100,48) % × 100 000 × 95 = + 226 100

En plus de ce gain, l'entreprise récupère son dépôt de garantie de 166 250 €.
Les anticipations de hausse des taux se sont vérifiées puisqu'il y a bien eu une chute du cours du notionnel. Le gain réalisé sur le contrat à terme devrait compenser la perte de valeur enregistrée sur le portefeuille obligataire.

Partie B

1. Montant total de la prime versée par la société

Prime = Nombre d'options × nombre d'actions par contrat × prime unitaire
Prime = 10 × 100 × 25 = 25 000 €

2. Possibilités pour un cours du sous-jacent de 210 €

Solution 1 : l'exercice des options permet d'obtenir les actions au prix de 180 € alors qu'elles valent sur le marché au comptant 210 €. Le gain est donc de 30 € par action.
Gain total = (210 - 180) × 100 × 10 = 30 000 €
Solution 2 : l'entreprise peut aussi revendre ses options à un prix supérieur à 25 €, leur valeur intrinsèque étant de 30 €.

3. Représentation graphique

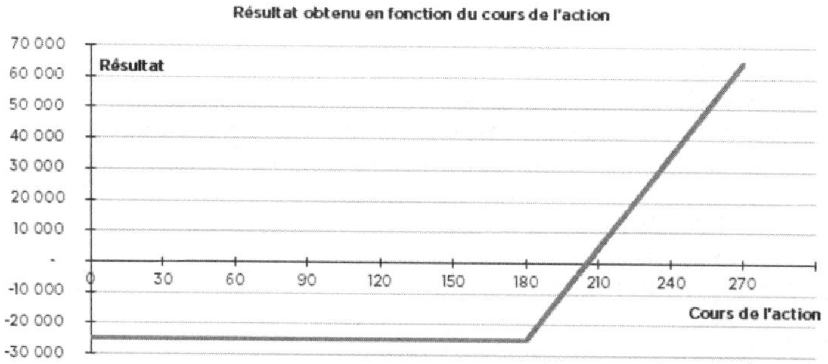

4. Exercice des options pour un cours de l'action de 215 €

a) Gain réalisé par la société

Gain = (215 - 180) × 100 × 10 - 25 000 = 10 000 €

b) Résultat du vendeur des options ayant acheté les actions à 190 €

Sa position est couverte car il détient les titres en portefeuille.

Gain = (Prix d'exercice - prix d'achat) + prime reçue

Gain = (180 - 190) × 100 × 10 + 25 000 = 15 000 €

c) Résultat s'il n'avait pas possédé les titres

Le vendeur étant à découvert, en cas d'exercice de l'option, il doit les acquérir au cours coté au moment de l'exercice :

Résultat = (Prix d'exercice - cours coté à l'échéance) + prime reçue

Résultat = (180 - 215) × 100 × 10 + 25 000 = - 10 000 €

d) Objectif recherché par le vendeur des options

Le vendeur de l'option espère encaisser la prime et que l'option soit abandonnée. Ici, il anticipe donc une stabilité du cours de l'action.

cas 03 Cas de synthèse : financement obligataire, OBSA, couverture du risque de change (d'après DECF 1991, adapté)

Partie 1 : Financement obligataire

1. Avantages et inconvénients des OBSA

Avantages : pour l'entreprise, l'émission d'obligations à bons de souscription d'actions permet de contracter un emprunt à un taux préférentiel. Les obligations à bons de souscription d'actions servent un intérêt plus faible que celui des obligations classiques du fait de l'existence du bon.

Pour les souscripteurs, l'opération permet de s'assurer un revenu fixe correspondant au coupon versé par l'obligation mais aussi de spéculer sur les opportunités de croissance de l'entreprise. Ils pourront devenir actionnaires (en cas d'évolution favorable du cours de l'action) au prix d'exercice qui est fixé aujourd'hui.

Inconvénients : pour l'entreprise, en cas de non exercice des bons, il n'y a aura pas d'autre levée de fonds que celle apportée par l'emprunt. L'entreprise ne pourra pas renforcer ses fonds propres.

Pour les souscripteurs, le taux d'intérêt perçu est plus faible que celui associé aux emprunts obligataires classiques. En cas de dégradation de la situation financière de l'émetteur, le bon ne présente plus aucun intérêt.

Condition pour que l'opération se réalise dans son ensemble : l'augmentation de capital n'aura lieu que si les bons sont exercés c'est-à-dire si le cours des actions dépasse le prix d'exercice, à savoir 3 800 €.

2. Montant total des fonds obtenus par la société, au 31 décembre N+2

Si l'opération se réalise (on fera abstraction des frais).

Montant de l'emprunt : 20 000 × 2 000 = 40 000 000 €

Montant de l'augmentation de capital si exercice des BSA :

(20 000/2) × 3 800 = 38 000 000 €

Soit un total de 78 000 000 €

3. Détermination du prix d'émission pour que le taux actuariel soit égal à 1,25 %

Sachant que :

- les obligations ne sont pas assorties de bons ;
- le taux nominal est de 1 % ;
- les obligations sont toutes remboursées au pair, à la fin de la 7e année (amortissement *in fine*).

$$VE = \sum_{t=1}^{n} \frac{coupon}{(1+tab)^t} + \frac{VR}{(1+tab)^n}$$

$$VE = VN \times i \times \frac{1-(1+tab)^{-n}}{tab} + VR \times (1+tab)^{-n}$$

$$VE = 2\,000 \times 1\% \times \frac{1-(1+1{,}25\%)^{-7}}{1{,}25\%} + 2\,000 \times (1+1{,}25\%)^{-7} = 1\,966{,}69$$

3. Évolution du cours des obligations en fonction du taux d'intérêt pratiqué sur le marché financier

Lorsque les taux d'intérêt augmentent sur le marché primaire, le cours des obligations cotées sur le marché secondaire diminue et inversement en cas de baisse des taux, une hausse du cours des obligations est observée.

Partie 2 : Couverture du risque de change

1. Définition du risque couru

L'entreprise s'expose au risque de change, en cas d'évolution défavorable de cours du dollar.

2. Qualification et justification du risque pris

a. Si l'entreprise ne met aucune couverture en place pour ce risque, c'est qu'elle espère une appréciation du dollar et pense en tirer profit, on parle alors de spéculation.

b. Couverture

- COFACE : la Coface va assurer à l'entreprise un taux de conversion garanti en contrepartie du paiement d'une prime. Si le taux de conversion évolue défavorablement, la Coface indemnisera l'entreprise. À l'inverse, s'il y une appréciation du dollar, l'entreprise reversera à la Coface le gain réalisé.
- Opération à terme ferme : ce type de contrat fixe au moment de sa signature un taux de conversion définitif qui sera applicable à l'échéance et ce, quelle que soit

l'évolution des taux de change entre les monnaies. L'entreprise va vendre des dollars contre des euros (ou acheter des euros contre des dollars) à l'échéance, au taux de conversion défini dès le départ. L'entreprise se couvre ainsi contre une évolution défavorable du cours du dollar (soit une dépréciation). En contrepartie, l'entreprise renonce à pouvoir bénéficier d'une appréciation du dollar.

- Option de change (à l'européenne) : l'entreprise va acheter un *call* euros contre dollars ou un *put* dollars contre euros.

L'intérêt de l'option par rapport au contrat à terme ferme est que l'entreprise n'exercera l'option qu'en cas d'évolution défavorable du cours du dollar. En cas d'appréciation du dollar, elle abandonnera l'option et convertira ses dollars au taux en vigueur à l'échéance. Sa perte se limitera à la prime payée au moment de l'achat de l'option.

3. Dénouement de la situation

- Sans couverture

* Dénouement de l'opération si le taux de change à l'échéance est égal à USD 1 = 0,8501 EUR
Le taux de change est passé en trois mois de USD 1 = 0,9461 EUR à USD 1 = 0,8501 EUR.
Il y a eu une dépréciation du dollar. L'entreprise encaisse 200 000 × 0,8501 = 170 020 €
Si l'opération avait été réglée comptant, l'exportateur français aurait encaissé : 200 000 × 0,9461 = 189 220 €
Soit une perte de change de 19 200 euros.

* Dénouement de l'opération si le taux de change à l'échéance est égal à USD 1 = 0,9985 EUR.
Le taux de change est passé en trois mois de USD 1 = 0,9461 EUR à USD 1 = 0,9985 EUR.
Il y a eu une appréciation du dollar. L'entreprise encaisse 200 000 × 0,9985 = 199 700 €
Si l'opération avait été réglée comptant, l'exportateur aurait encaissé : 200 000 × 0,9461 = 189 220 €
Soit un gain de change de 10 480 euros.

- Couverture Coface

* Dénouement de l'opération si le taux de change à l'échéance est égal à USD 1 = 0,8501 EUR
Lors de la signature du contrat, l'entreprise règle la prime à la Coface : 200 000 × 0,9461 × 0,17 % = 321,67 €
À l'échéance, l'entreprise encaisse 200 000 × 0,8501 = 170 020 € sur son opération commerciale et la Coface lui reverse une indemnisation de (200 000 × 0,9461) - 170 020 = 19 200 €. Le taux garanti par la Coface étant aussi le taux de conversion en vigueur lors de la signature du contrat, l'indemnisation ici couvre exactement la perte de change.
Son résultat global est égal à 170 020 + 19 200 - 321,67 = 188 898,33 €

* Dénouement à l'échéance si le taux de change à l'échéance est égal à USD 1 = 0,9985 EUR
Lors de la signature du contrat, l'entreprise règle la prime à la Coface : 200 000 × 0, 9461 × 0, 17 % = 321,67 €
Elle encaisse 200 000 × 0,9985 = 199 700 € sur son opération commerciale et reverse à la Coface le gain réalisé soit 199 700 - 189 220 = 10 480 €
Son résultat global est égal à : 199 700 - 10 480 - 321,67 = 188 898,33 €

Quel que soit le taux de change à l'échéance, le résultat est définitif. Il est aussi égal à ce que l'entreprise aurait encaissé si elle avait été réglée comptant moins le coût de la prime versée : 200 000 × 0,9461 - 321,67 = 188 898,33 €

- Opération à terme ferme

* Dénouement de l'opération si le taux de change à l'échéance est égal à USD 1 = 0,8501 EUR

Le dollar s'est déprécié comme le craignait le trésorier de l'entreprise. Il y a une perte sur l'opération de change qui va être compensée par un gain sur l'opération de couverture. La conversion de ses 200 000 USD au taux *forward* lui procure :
200 000 × 0,9511 = 190 220 €.

- Résultat global = montant reçu à l'échéance - montant reçu au comptant = 190 220 - 189 220 = 1 000 €
- Gain sur l'opération de couverture = montant reçu avec couverture - montant reçu sans couverture = 190 220 - 200 000 × 0,8501 = 190 220 - 170 020 = 20 200 €
- Résultat sur l'opération de change = montant reçu sans couverture - montant reçu au comptant = 170 020 - 189 220 = - 19 200 €
- Résultat global = résultat sur couverture + résultat sur opération de change = 20 200 - 19 200 = 1 000 €

* Dénouement à l'échéance si le taux de change à l'échéance est égal à USD 1 = 0,9985 EUR

Les anticipations du trésorier ne se sont pas réalisées, il y aura alors une perte sur l'opération de couverture et un gain sur l'opération de change.

La conversion de ses 200 000 USD au taux *forward* lui procure : 200 000 × 0,9511 = 190 220 €

- Résultat global = montant reçu à l'échéance - montant reçu au comptant = 190 220 - 189 220 = 1 000 €
- Gain sur l'opération de couverture = montant reçu avec couverture - montant reçu sans couverture = 190 220 - 200 000 × 0,9911 = 190 220 - 198 220 = - 8 000 €
- Résultat sur l'opération de change = montant reçu sans couverture - montant reçu au comptant = 198 220 - 189 220 = 9 000 €
- Résultat global = résultat sur couverture + résultat sur opération de change = - 800 + 9 000 = 1 000 €

Quel que soit le taux de conversion à l'échéance, le résultat est le même. L'opération à terme ferme permet une couverture du risque mais empêche l'entreprise de tirer profit d'une évolution favorable du cours du dollar.

- Option de change (européenne)

Coût de la couverture : 0,03 × 200 000 = 6 000 €

* Dénouement de l'opération si le taux de change à l'échéance est égal à USD 1 = 0,8501 EUR

Il y a bien eu une dépréciation du dollar au cours des trois mois, l'exportateur va donc exercer son option et convertir ses 200 000 USD au prix d'exercice de 0,9528 EUR. Il encaissera : 200 000 × 0,9528 = 190 560 €

Résultat après prise en compte du coût de la couverture : 190 560 - 6 000= 184 560 €

* Dénouement à l'échéance si le taux de change à l'échéance est égal à USD 1 = 0,9985 EUR

Dans ce cas, le dollar s'est apprécié, l'exportateur abandonnera son option et convertira ses dollars au taux en vigueur, ce qui lui permettra d'encaisser : 200 000 × 0,9985 = 199 700 €
Résultat après prise en compte du coût de la couverture : 199 700 - 6 000 = 193 700 €
L'option permet de couvrir le risque de change tout en laissant l'entreprise tirer profit d'une évolution favorable des taux de conversion.

Récapitulatif du montant encaissé net de l'éventuel coût de la couverture		
Cours de l'USD	0,8501	0,9985
Au comptant	189 220	189 220
Sans couverture	170 020	199 700
Coface	188 898	188 898
Forward	190 220	190 220
Option	184 560	193 700

4. L'acheteur d'une option de vente de USD contre euros spécule sur la chute du cours du dollar.
Équation du résultat (R) qui serait obtenu en fonction du cours du change *(X)* à l'échéance :
R = (Prix d'exercice - X - Prime) × nombre d'options
R = (0,9528 - X - 0,03) × 200 000 = (0,9228 - X) × 200 000
R = 184 560 - 200 000 X.
Si X est supérieur à 0,9528, l'option sera abandonnée par l'acheteur, la perte se limitera à la prime soit 6 000.
Si X devient inférieur à 0,9528, il y aura exercice.
Exercice de l'option : R = (0,9228 - X) × 200 000

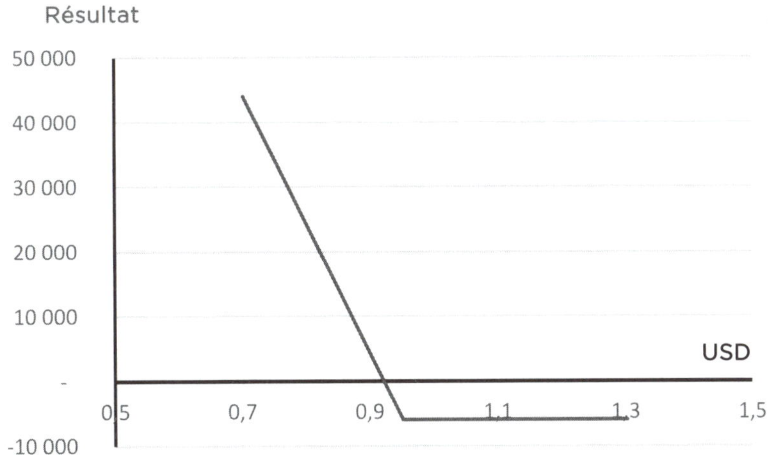

PAPIER À BASE DE
FIBRES CERTIFIÉES

FOUCHER s'engage pour l'environnement en réduisant l'empreinte carbone de ses livres.
Celle de cet exemplaire est de :
550 g éq. CO_2
Rendez-vous sur
www.editions-foucher-durable.fr

Conception graphique : Sylvie Vailllant
Composition : Maury

MV-CK/EG

Achevé d'imprimer en France par Jouve - 1, rue du Docteur Sauvé - 53100 Mayenne
N° d'impression : 2951175L - Dépôt légal n°15702-0/01 - février 2020